DESATADO

¡CÓMO CONVERTIR TU MENSAJE EN UN IMPACTO!

Copyright © 2021 Martijn van Tilborgh

Publicado por Inspire

Todos los derechos reservados. Ninguna parte de esta publicación puede ser reproducida, almacenada en sistemas de búsqueda o transmitida de ninguna manera ni por ningún medio –electrónico, mecánico, fotocopia, grabación u otro– excepto por citas breves en reseñas escritas, sin el consentimiento previo, por escrito, del autor.

Salvo indicación en contrario, el texto bíblico corresponde a la versión Reina-Valera © 1960 Sociedades Bíblicas en América Latina; © renovado 1988 Sociedades Bíblicas Unidas. Utilizado con permiso. Todos los derechos reservados.

El texto Bíblico indicado con NTV ha sido tomado de la Santa Biblia, Nueva Traducción Viviente, © Tyndale House Foundation, 2010. Utilizado con permiso de Tyndale House Publishers, Inc., Carol Stream, IL 60188, Estados Unidos de América. Todos los derechos reservados.

El texto Bíblico indicado con NVI ha sido tomado de la Santa Biblia, NUEVA VERSIÓN INTERNACIONAL® NVI® © 1999, 2015 por Biblica, Inc.®, Inc.® Usado con permiso de Biblica, Inc.® Reservados todos los derechos en todo el mundo.

Para derechos subsidiarios y en el extranjero, contactarse con el autor.

Originalmente publicado en inglés bajo el título *Unleashed*, disponible en Amazon Kindle, Barnes & Noble Nook y Apple iBooks.

Diseño de portada de Joe De Leon.
Ilustraciones de Allison van Tilborgh.
Fotografía de diseño Xenia Design.

Traducido por David Sanz en colaboración con God-First Arts Inc.
Edición y revisión por God-First Arts Inc.

ISBN: 978-1-954089-05-1   2 3 4 5 6 7 8 9 10 11

Impreso en los Estados Unidos de América

DESATADO

¡CÓMO CONVERTIR TU MENSAJE EN UN IMPACTO!

MARTIJN VAN TILBORGH

INSPIRE

PREFACIO

He sido bendecido sobremanera. Al ver mi vida, me asombro al ver lo que Dios ha hecho. A mis 44 años recién estoy comenzando. Sin embargo, si tuviera que detenerme aquí, ya podría unirme al canto de María, la madre de Jesús, diciendo: "Porque me ha hecho grandes cosas el Poderoso; Santo es su nombre" (Lucas 1:49).

A lo largo de las últimas cuatro décadas, mi carrera ha tenido etapas muy diversas –se podría decir que ha estado fragmentada–. De adolescente, mi primer trabajo fue en una plantación de puerro. Afortunadamente, eso duró poco. Después de eso fui repositor en una tienda de comestibles y luego lavé vajilla en un restaurante local. Decidí no estudiar una carrera y me uní al ejército holandés (lo cual fue prácticamente una broma). Luego, limpié ventanas. Más adelante trabajé en tecnologías de información y atención al cliente.

He tenido éxito en ventas tanto a nivel nacional como internacional. He trabajado a tiempo completo en el ministerio. He ayudado a plantar varias iglesias y he predicado en naciones alrededor del mundo. Entre mis veinte años y mis treinta años viví en tres continentes distintos. La lista sigue y sigue.

Mi camino me ha traído hoy a lo que llamo mi "punto justo" donde he permanecido durante la última década. Vivo la vida que amo. Trabajo con algunos de los líderes más impresionantes del país, ayudándoles en su estrategia de marketing, comunicación efectiva y en la venta de sus productos.

He escrito este libro para los líderes, emprendedores, ministros e "influencers" que desean, seriamente, aprovechar su mensaje y su influencia para alcanzar a más gente de manera efectiva y generar dinero al mismo tiempo. ¿Suena demasiado bueno para ser verdad? No creo que lo sea. De hecho, te voy a mostrar exactamente cómo lograrlo.

Los procesos y principios que delineo aquí son un ejemplo. Cualquiera los puede poner en práctica. Pero el hecho de que sean simples no quiere decir que sea fácil. Alcanzar a la gente de manera efectiva requerirá esfuerzo, compromiso y determinación. Será necesario ser "irracional" en términos de los métodos tradicionales predominantes. Pero quienes decidan confiar en el proceso están destinados a experimentar el poder de los principios que comunico.

Un punto más que debes entender antes de leer este libro es que este no es un libro sobre cómo volverse rico en poco tiempo. ¡No hay atajos! Este libro está escrito para quienes tienen un deseo ardiente de añadir valor a otros. Se trata de permitir que el don que Dios te dio trabaje a través tuyo en favor de los demás. Cuando alcanzas ese "punto justo", verás que el crecimiento financiero se convierte en una consecuencia.

Los líderes que son intencionales con el uso de su don y su mensaje para ayudar a otros no sólo acabarán logrando eso. Sino que además Dios les retribuirá el favor. Lo he visto ocurrir en aquellos a quienes sirvo, pero también lo he vivido en carne propia. Dios me tomó a mí –un joven holandés sin formación– y me puso en una senda de favor y éxito sin precedentes.

La Biblia enseña que cuando damos, somos bendecidos: "Dad, y se os dará; medida buena, apretada, remecida y rebosando darán en vuestro regazo" (Lucas 6:38, NVI). No estoy hablando acerca del recipiente para las ofrendas, aunque no hay nada malo en diezmar y ofrendar. Me refiero a brindarte a aquellos que te han sido confiados.

Piensa en lo siguiente: Tú eres un don que Dios envió al mundo.

Eres un don cuando añades valor a otros. Eres un don cuando te brindas a otros sin esperar nada a cambio. Dios promete darte algo en compensación: ¡una medida buena, apretada, remecida y rebosando!

En este libro te presentaré una oportunidad increíble para traer tu mensaje al mercado de manera efectiva. Te mostraré conceptos, estrategias y acciones prácticas que han ayudado a otros a alcanzar multitudes con su contenido, y al mismo tiempo generar millones de dólares en ventas.

Oro que este libro te ayude a descubrir nuevos territorios. Oro que te inspire a hacer cosas de una nueva manera y a descubrir el valor único que puedes ofrecer al mundo. Mi esperanza es que, tras haber leído este libro, te conviertas en un agente de cambio en un mundo que nos presiona para que encajemos en el statu quo.

Tú has sido dotado de un mensaje, una fuerza que te ha sido dada para cambiar el mundo a tu alrededor.

En este libro te enseñaré principios e ideas que te ayudarán a desatarte, para que te conviertas en una bendición para otros (y para ti mismo).

¡Mi oración es que seas desatado!

ÍNDICE

Introducción *11*

CAPÍTULO 1. Esto es real 15

CAPÍTULO 2. La mayordomía 19

CAPÍTULO 3. El mejor invento de todos los tiempos 23

CAPÍTULO 4. El mejor método de pesca 25

CAPÍTULO 5. ¡Lo último que necesitas es una página web! 29

CAPÍTULO 6. Marketing de ciclo de vida 37

CAPÍTULO 7. Llevando tu mensaje al mercado 51

CAPÍTULO 8. Identifica 59

CAPÍTULO 9. Envase 67

CAPÍTULO 10. Distribuye tu marca/mensaje 77

CAPÍTULO 11. Publicita 87

CAPÍTULO 12. Marketing 95

CAPÍTULO 13. Venta 107

CAPÍTULO 14. Entrega tu producto 115

CAPÍTULO 15. ¿Qué hago a continuación? 121

INTRODUCCIÓN

Una cosa que he descubierto en mi vida es que la abundancia de Dios es mucho mayor de lo que imaginamos.

Si has crecido en el ámbito de la iglesia como lo he hecho yo, seguramente has escuchado muchas veces frases como esta. Es algo que abrazamos a nivel intelectual y teológico simplemente porque la Biblia lo dice. Hemos escuchado sermones, leído libros y memorizado el hecho de que el plan de Dios es prosperarnos y proveer para nosotros un futuro y una esperanza (Jeremías 29:11).

Sin embargo, muchas veces nuestra realidad no está a la altura de nuestra creencia. Parece haber una gran discrepancia entre lo que aceptamos teológicamente y lo que experimentamos a diario.

Piensa por un momento en lo que la Biblia nos dice en Efesios 3:20: "Y a Aquel que es poderoso para hacer todas las cosas mucho más abundantemente de lo que pedimos o entendemos, según el poder que actúa en nosotros...".

Ahora intenta recordar las cosas que le has pedido que haga a lo largo de tu vida. Piensa en todo lo que has imaginado. Imagínate lo más extravagante y emocionante que te venga a la mente.

¿Lo tienes?

¡Ahora piensa en lo que la Escritura nos está diciendo! Dice que todo lo que acabas de imaginar es absolutamente nada comparado a lo que Dios tiene para ti. De hecho, ni siquiera puedes medir cuánto más tiene Él para ti.

No sé tú, pero a mí esto me emociona mucho.

Entonces, ¿por qué será que nos conformamos tan fácilmente con menos? ¿Por que nos parece normal estar a gusto con nuestra situación actual mientras Dios está diciendo: "¡No! ¡Lo que tengo es mucho mejor!"? La mente tiene una habilidad única para engañarnos. Tu mente tiene el poder para hacerte creer que tu situación actual es aceptable, aunque tú, en el fondo, sepas que no es cierto.

¿Recuerdas la historia de los israelitas que se acercaban al río Jordán? Estaban a punto de experimentar la promesa de la cual Dios había hablado durante tantos años. Era un momento bisagra. Los israelitas tenían la posibilidad de hacer la transición de vivir "con lo justo" a una situación donde se manifestaría la plenitud de lo que Dios tenía para ellos. Puedes leer la historia completa en Números 13-14.

Lo trágico de esta historia es que una generación entera de creyentes aceptó la mentira de que todo lo que Dios tenía para ellos, en realidad no era para ellos. ¿Te lo imaginas? Toda una generación se conformó con menos.

Lo peor es que su decisión impactó en la generación siguiente también. Una cosa era que decidieran que los planes de Dios no eran para ellos. Pero ese rechazo trajo sufrimiento a sus hijos también.

En Números 14:33, vemos lo que Dios les dice: "Y vuestros hijos andarán pastoreando en el desierto cuarenta años, y ellos llevarán vuestras rebeldías, hasta que vuestros cuerpos sean consumidos en el desierto".

Esta porción de la Escritura hace referencia a quienes tenían menos de 20 años de edad en ese mtomento. La generación siguiente tenía que sufrir por la falta de fe de la generación mayor. Como consecuencia, tuvieron que ser pastores en el desierto.

Reflexiona sobre eso un momento. Por las decisiones de otros —sus padres— esta generación se convirtió en algo que nunca debió haber sido. No sólo un corto período de tiempo como un momento de "transición" en la vida. No. Sino que durante cuarenta largos años vivieron una vida que no tenía por qué ser la suya.

Recuerda que los israelitas estaban destinados a vivir una vida del otro lado del Jordán. Debían heredar la tierra que "llevaba escrito su nombre". En lugar de eso, quedaron estancados, vagando en el desierto, sin ir a ningún lado, haciendo aquello que nunca se suponía que debían hacer.

¡Qué tragedia!

Pongámonos en su lugar por un momento. Imagina un mundo donde ves que todos los que te rodean se llevan sus sueños y anhelos a sus tumbas. Tú mismo te estás conformando con una vida del lado incorrecto del río, no siendo fiel a quien verdaderamente fuiste creado para ser. Con el tiempo, esta situación puede acabar quebrando tu espíritu. En poco tiempo aceptarás "la verdad" de que eres "un pastor en el desierto". Lentamente, te conformarás con una vida mediocre. Poco a poco, tus sueños y anhelos irán muriendo.

Muchas veces seguimos viviendo nuestra vida religiosa, diciendo las cosas correctas y fingiendo que vivimos la vida que Dios tiene para nosotros, porque enfrentar la verdad nos resulta insoportable. Aceptar nuestra realidad es demasiado doloroso.

¿Qué realidad? La realidad de que no te sientes realizado; la realidad de que odias lo que haces todos los días; la realidad de que estamos atrapados en una lucha incesante por sobrevivir, intentando seguirle el ritmo a quienes nos rodean; la realidad de que apenas nos alcanza y necesitamos un milagro tras otro para poder sobrevivir en el desierto.

Este libro trata acerca de cambiar nuestra realidad; acerca de liberarnos de aquello que nos retiene en el pasado. Es sobre quitarnos la mentalidad vieja que nos detiene. La intención es ayudarte a transicionar hacia la plenitud y abundancia que Dios tiene para ti. Para hacerlo, debemos ser un poco irracionales. Debemos adaptar nuestra realidad. Tenemos que soñar más grande de lo que nos hemos atrevido a soñar.

Que la bendición del Señor sea tu fortaleza a medida que descubras las nuevas realidades que te ayudarán a vivir la vida abundante que Él tiene para ti. No nos conformemos con la mediocridad. Abramos nuestras mentes y espíritus, y que Dios nos inspire como nunca antes lo ha hecho.

CAPÍTULO 1

ESTO ES REAL

En el año 2006 me mudé a los Estados Unidos. Junto a mi familia de cinco, habíamos estado trabajando como misioneros en Sudáfrica durante tres años cuando sentimos que Dios nos indicaba que debíamos mudarnos a los Estados Unidos. Llegamos sólo con nuestras maletas, y sin dinero en los bolsillos. En ese tiempo, la familia de mi esposa vivía en Orlando, Florida, lo cual nos ayudó en nuestra decisión de mudarnos allí. Dada nuestra limitación económica, vivir en las habitaciones sobrantes en la casa de la familia de mi esposa era la única opción razonable.

Durante los siguientes dos años, viajé predicando mientras mi esposa, Amy, trabajaba como asistente ejecutiva en una empresa de medios. Decir que teníamos problemas económicos es una clara atenuación de la realidad. Sí, es cierto que yo estaba trabajando y predicando varias veces por mes, pero los $143 de alguna ofrenda casual y la tarjeta de agradecimiento (a veces acompañada de un chocolate) no alcanzaban para sostener nuestra familia. Eran tiempos frustrantes.

Al poco tiempo, nos encontramos inmersos en una deuda impensable. No me daba cuenta de lo grave de mi situación hasta que un día me decidí a sumar lo adeudado en todas las tarjetas de crédito. El total era de sesenta mil dólares.

Mi corazón se detuvo. Enloquecí.

Nuestro ingreso anual familiar de $35.000 dólares no alcanzaría para sacarnos de esa situación. Ni siquiera Dave Ramsey me podía salvar en ese punto. Para empeorar las cosas, descubrí que, con el estilo de vida que llevábamos, nuestra deuda crecía unos cientos de dólares cada mes.

Yo estaba asustado, estresado. No sabía qué hacer. Me sentía como un fracaso. ¿Qué estaba haciendo mal? Estaba frustrado con Dios, conmigo mismo y con la situación. ¿Cómo era posible? ¿Por qué terminé en esta situación desesperanzadora? Solía quedarme recostado por las noches con un nudo en el estómago, sin tener idea de cómo haría para salir de ese enredo.

Creía haber hecho exactamente lo que Dios me había pedido pero aún así mi vida era un desastre. Estaba atascado y no avanzaba.

UN PORSCHE Y UN JAGUAR

A riesgo de parecer que estoy en este negocio por los motivos equivocados, quiero compartir contigo dos memorias que conservo de esta temporada difícil en mi vida.

Un día estaba parado frente a la casa de mis suegros y vi al vecino llegar a su casa en un reluciente Porsche Cayenne azul metálico. ¡Era tan brillante! Es uno de los vehículos más hermosos que he visto. Estaba tan impresionado con este vehículo que se estacionaba solo en el garage de los vecinos. ¡Tan cerca, pero tan inalcanzable!

Estaba realmente contento por mi vecino. Por un momento, sentí una tenue esperanza de que, tal vez, algún día, de alguna manera, yo tendría la posibilidad de manejar un auto como ese.

Cuando me di cuenta de lo que estaba pensando, inmediatamente maté ese pensamiento. *No seas ridículo. Un coche como ese no es para gente como nosotros. ¡Eso nunca sucederá! ¡No seas necio!*

Unas semanas más tarde, tuve otra experiencia similar. Visité el paseo Universal City Walk en Orlando, que es un área de acceso gratuito que pertenece a los parques temáticos de Universal Studios, donde la gente va a comer, al cine y a divertirse. Quienes conocen el lugar saben que hay dos maneras de aparcar en Universal City Walk. Puedes aparcar donde lo hacen quienes tienen poco dinero y caminar media milla o puedes pagar $45 para que alguien lo aparque por ti. Por obvias razones, escogí quemar algunas calorías ese día.

Al acercarme al área de los restaurantes, pasé por el sector de los vehículos aparcados por servicio de "valet-parking". Allí vi un Jaguar nuevo y brillante que giraba en la esquina. ¡Qué espectáculo! No podía creer que alguien tuviera tanto dinero como para poder comprar ese carro y todavía tener dinero para pagar por el servicio de valet-parking. Para ese entonces ya había adquirido la habilidad de matar mis esperanzas de tener un carro como ese. Tan pronto como la idea cruzó por mi mente, me aseguré de ultimarla.

Ahora adelantemos algunos años....

Estaba parado en la entrada vehicular de mi casa, que está ubicada en el mismo vecindario donde solía vivir con los familiares de mi esposa. La diferencia entre nuestras casas es que la mía es mucho más grande. Tiene una pileta y un garaje para tres automóviles. El portón del garaje se abrió al ingresar el código de apertura. Al mirar hacia mi garaje, esos recuerdos regresaron. Delante mío se encontraban mi reluciente Porsche Cayenne y un Jaguar XJL.

No es que yo estuviera persiguiendo obsesivamente estos automóviles. De hecho, había olvidado por completo estos recuerdos hasta ese instante. De alguna manera, había suprimido mis esperanzas a tal punto que ni las recordaba.

En ese momento, recordé esos dos sucesos, y me vi humillado y emocionado por lo que el Señor había hecho en y a través de nuestras vidas. Dios me había llevado en un viaje a través del río Jordán y ni siquiera me había dado cuenta. Él había hecho lo imposible. De alguna manera, subconscientemente, cuando había tenido que comprar carros, había elegido esos mismos dos autos que había anhelado.

Dios me mostró que, lo que yo podía imaginar (aunque fuera sólo por un instante), ¡Él lo podía hacer!

Actualmente conduzco un Maserati –un carro mucho más costoso que el Jaguar–. Mientras escribo este capítulo, mi esposa está decidiendo cambiar su Cayenne por uno nuevo. Dios no sólo hace lo que imaginamos. Él hace MÁS de lo que imaginamos.

CAPÍTULO 2

LA MAYORDOMÍA

Por favor, recuerda que nada de esto tiene que ver con los autos. He conducido muchos vehículos viejos y destruidos a lo largo de mi vida. Durante un tiempo manejé un Fiat Uno que compramos por $250. ¿Y adivina qué? ¡Era absolutamente feliz!

Estoy usando este ejemplo para mostrar lo siguiente:
- Puedes vivir una vida que ames vivir.
- Puedes vivir una vida que tenga significado.
- Puedes vivir una vida añadiendo valor a otros.
- Puedes vivir una vida donde te encuentres haciendo la voluntad de Dios.
- Puedes vivir una vida que cambie el mundo.
- ¡Y hasta puedes hacer dinero al mismo tiempo!

De hecho, yo considero que es la única manera de vivir la vida. He llegado a creer que la abundancia es la consecuencia de la mayordomía.

¿QUÉ ES LA MAYORDOMÍA?

¿Recuerdas la parábola acerca de la mayordomía? Leamos Mateo 25:14-29:

Porque el reino de los cielos es como un hombre que yéndose lejos, llamó a sus siervos y les entregó sus bienes. A uno dio cinco talentos, y a otro dos, y a otro uno, a cada uno conforme a su capacidad; y luego se fue lejos. Y el que había recibido cinco talentos fue y negoció con ellos, y ganó otros cinco talentos. Asimismo el que había recibido dos, ganó también otros dos. Pero el que había recibido uno fue y cavó en la tierra, y escondió el dinero de su señor. Después de mucho tiempo vino el señor de aquellos siervos, y arregló cuentas con ellos.

Y llegando el que había recibido cinco talentos, trajo otros cinco talentos, diciendo: Señor, cinco talentos me entregaste; aquí tienes, he ganado otros cinco talentos sobre ellos. Y su señor le dijo: Bien, buen siervo y fiel; sobre poco has sido fiel, sobre mucho te pondré; entra en el gozo de tu señor. Llegando también el que había recibido dos talentos, dijo: Señor, dos talentos me entregaste; aquí tienes, he ganado otros dos talentos sobre ellos. Su señor le dijo: Bien, buen siervo y fiel; sobre poco has sido fiel, sobre mucho te pondré; entra en el gozo de tu señor.

Pero llegando también el que había recibido un talento, dijo: Señor, te conocía que eres hombre duro, que siegas donde no sembraste y recoges donde no esparciste; por lo cual tuve miedo, y fui y escondí tu talento en la tierra; aquí tienes lo que es tuyo.

Respondiendo su señor, le dijo: Siervo malo y negligente, sabías que siego donde no sembré, y que recojo donde no esparcí. Por tanto, debías haber dado mi dinero a los banqueros, y al venir yo, hubiera recibido lo que es mío con los intereses. Quitadle, pues, el talento, y dadlo al que tiene diez talentos. Porque al que tiene, le será dado, y tendrá más; y al que no tiene, aun lo que tiene le será quitado.

El mensaje de esta parábola es simple:
1) Cuando Dios nos da un talento, nos pide que lo administremos.
2) Cuando administramos correctamente el talento, Dios lo multiplica.
3) Cuando multiplicamos el talento, Dios se complace.
4) Cuando Dios se complace en nosotros, toma los talentos de otros con quienes no está complacido y ¡nos da aún más!

Simple, ¿verdad? Ahora bien, la palabra "talento" tiene dos dimensiones. En el diccionario encontrarás estas dos definiciones:
1) Aptitud natural o habilidad: "posee más talento que cualquier otro jugador"; sinónimos: aptitud, don, habilidad
2) Antigua unidad de peso y moneda utilizada, fundamentalmente por los antiguos griegos y romanos.

En otras palabras, un talento es al mismo tiempo un "don/habilidad" y una "moneda". El don de una persona está directamente asociado a su situación financiera. A medida que los talentos de una persona son multiplicados, también lo son sus ingresos. Cuando Dios te da un don y tú lo pones a trabajar a favor de otros, tu situación financiera mejorará de manera proporcional a tu talento.

El problema es que, muchas veces, no estamos trabajando conforme a la gracia del talento que nos ha sido dado. Trabajamos duro pero tenemos poco impacto. Nos esforzamos y transpiramos, pero vivimos en escasez. La clave es trabajar conforme a la gracia de tu talento. Cuando lo haces, tu impacto crece y también mejora tu situación financiera. No puedes administrar bien tu talento y no resultar financieramente bendecido. La abundancia económica es una consecuencia de una correcta administración de tu talento. En términos prácticos, esto significa que debes conocer tu don, tu mensaje, tu talento, antes de poder administrarlo correctamente.

MARKETING DE CONTENIDOS

Mi recorrido (sobre el cual te contaré más en los próximos capítulos) me llevó a ayudar a líderes y gente influyente en el Cuerpo de Cristo a identificar su mensaje y llevar ese mensaje de manera efectiva al mercado. Ha sido un recorrido que me ayudó a descubrir mi talento y mi don para con el mundo; un recorrido que ha ayudado a mis clientes y a mí a producir millones de dólares; un recorrido que me ha enseñado muchas lecciones.

Si eres un "influencer", líder, emprendedor o coach, me encantaría compartir contigo lo que he descubierto en este recorrido. Compartiré algunos de los secretos que he aprendido en la última década. Creo que te ayudará a administrar tu mensaje de manera efectiva, a ganar más dinero, y lo más importante, a impactar a la gente de manera efectiva con el don que Dios te dio.

A través de los capítulos de este libro, te ayudaré a entender los principios, conceptos, ideas, estrategias y procesos que me han ayudado a diario, tanto a mí como a mis clientes. También aprenderás de mis errores, lo cual debería ayudarte a evitar algunos de los fracasos que yo enfrenté. No se le puede poner un precio a eso, ¿verdad?

El resto de este libro trata de lo que, en el mundo secular se conoce como "Marketing de contenidos".

El marketing de contenidos no es nuevo. De hecho, es bastante antiguo. Mucho de lo que vemos que Dios hace a lo largo de la Biblia es marketing de contenido. Él es el mejor en eso. Permíteme explicarme.

Dios tiene un mensaje: el evangelio. Él desea compartirlo con todo el mundo. Está determinado a traer Su mensaje al mercado. Para hacerlo, necesita atraer una audiencia. Eso no es algo que se logre de la noche a la mañana. Requiere una estrategia comprensiva que se desarrolle a lo largo de un período de tiempo.

La estrategia de Dios fue ejecutada a la perfección a lo largo del Antiguo Testamento: dotó a su audiencia del contexto necesario para que pudieran recibir Su mensaje. Este proceso tuvo su costo, y tuvo que superar obstáculos. Su ejecución fue precisa y determinada.

La Biblia es la estrategia de marketing de contenidos de Dios. Él desea que su mensaje sea recibido por su grupo demográfico objetivo: el mundo. Dios nota que Su audiencia no está preparada. La gente a la cual desea alcanzar debe ser atraída y preparada antes de poder "comprar" el mensaje.

Vemos que Dios tiene mucho para enseñarnos acerca del marketing de contenidos. Al recibir Su mensaje único, debemos aprender de Él y poner en práctica Sus principios. Eso es lo que veremos en los próximos capítulos.

CAPÍTULO 3

EL MEJOR INVENTO DE TODOS LOS TIEMPOS

Cuál es el mejor invento de todos los tiempos? Es difícil responder una pregunta de este tipo. Han habido tantos inventos, a lo largo de la historia, que han cambiado el mundo. El descubrimiento del fuego en la era prehistórica tuvo un gran impacto. ¿Y qué decir de la bombilla de luz? ¿O de cuando Henry Ford desarrolló su Modelo T y cambió para siempre el transporte?

Si eres tan viejo como yo, recordarás haber crecido sin una manera de comunicarte con cualquier persona, de cualquier lugar, en cualquier momento. ¿Cómo hacíamos para vivir así?

No sé cuál ha sido tu respuesta a la pregunta que hemos planteado, pero te puedo decir cuál ha sido un invento que para mí ha cambiado el juego totalmente: el alambre. ¡Sí, leíste bien! El alambre realmente ha cambiado las cosas.

Esto lo descubrí en una de mis visitas a San Antonio, Texas. No tenía idea de cómo el alambre había impactado esa ciudad. Aprendí que, antes del alambre, los vaqueros debían saltar sobre sus caballos temprano en la mañana y pasar todo el día cazando ganado suelto que pastaba en la zona. La vida era bastante simple: si no cazas, no comes.

Piensa en la logística de vivir como un vaquero. Todos los días debías hacer lo siguiente:

- Ensillar tu caballo
- Cabalgar en busca de ganado
- Cazar el ganado hasta atraparlo
- Traer el ganado a casa (lo cual podía tomar bastante tiempo, según dónde lo encontraras)

No era una manera eficiente de alimentarse, pero era la realidad que vivían en ese tiempo.

Hasta que un día alguien tuvo una brillante idea de algo que cambiaría esta dinámica. El alambre permitía a la gente cercar un pedazo de propiedad y contener el ganado en un lugar. El ganado viviría, comería y se reproduciría en el mismo lugar: ¡ya no sería necesario cazar! Los vaqueros simplemente debían levantarse de la cama, elegir una vaca y prepararla para la cena. Cambió totalmente su forma de vida.

Ahora, ¿qué tiene esto que ver con el marketing de contenidos? ¡Todo!

La mayoría de la gente mercadea como los antiguos vaqueros: están estancados en la ineficiencia. Ponen mucho esfuerzo para cazar y obtienen poco a cambio. El concepto de "alambre" puede parecerle un poco descabellado. Sin embargo, el hecho de tener que estar cambiando constantemente tu trayectoria requiere exactamente ese tipo de solución.

Te voy a enseñar cómo puedes "criar tu propio ganado" allí donde te encuentras. Te enseñaré a construir un ecosistema que producirá delante de tus narices. Requerirá esfuerzo; pero una vez que tomes envión, muchos de tus procesos funcionarán en piloto automático. ¡Es cierto! Te lo demostraré.

Hay un mito que dice: "Puedes ganar dinero mientras duermes". Lo cierto es que no es un mito. Hace varios años que me voy a dormir por la noche, me despierto la mañana siguiente y ¿sabes qué? ¡He ganado dinero mientras dormía!

Sé que es una afirmación fuerte. En el próximo capítulo, te voy a demostrar que es posible.

CAPÍTULO 4

EL MEJOR MÉTODO DE PESCA

Hemos explorado el concepto de un vaquero que caza todo el día en contraposición con un granjero que crea un ecosistema que produce por sí mismo. Quiero darte otro ejemplo que tiene que ver con dos formas distintas de pescar.

No soy un gran pescador. En realidad, es algo que no me gusta. La idea de estar parado en la orilla todo el día, con la esperanza de atrapar un par de pescados es deprimente para mí. Simplemente no veo el retorno de la inversión. Tienes una caña, una línea y un anzuelo. Esto significa que tienes el potencial de cazar a lo sumo un pez por vez. Tiene que haber una mejor manera.

En Juan 21:1-6 Jesús dice a los discípulos que arrojen la red de pesca del otro lado de la barca. Esta historia me atrae un poco más porque demuestra que se pueden atrapar peces en cantidades mayores de una sola vez. Aún así, la pesca sigue sin atraerme mucho.

Pero sí hay un método de pesca que me ha llamado la atención y despertó mi interés. Es un método que encontré mientras veía contenido en YouTube. Ví el vídeo, me emocioné y decidí que me gustaría probarlo alguna vez. Quisiera compartir el vídeo que vi aquella vez porque creo que representa claramente lo que estamos tratando de lograr con este libro.

A continuación encontrarás una visión en miniatura del vídeo y una dirección URL que te llevará a él.

¡Visite **unleashedforimpact.com/videos** para ver este vídeo!

¿Miraste el vídeo? ¿A caso no es maravilloso? ¡Yo no sabía que eso existía! Aquí puedes ver a dos hombres navegando tranquilamente en un bote. No tienen redes. No tienen cañas. Ni arpones. En realidad, más allá del bote, no tienen ningún equipamiento. ¿No te parece algo extraño? Sin embargo, por el solo hecho de estar en el río, ¡atrapan más peces que lo que cualquiera tardaría una semana en atrapar con una caña!

¿Por qué te muestro esto? Simple: voy a enseñarte a pescar de esta manera. En nuestro caso, no estamos buscando pescado sino clientes que paguen. De hecho, es posible crear un ambiente tan magnético que los peces salten directamente hacia tu bote. No necesitarás salir a cazar. No será necesario sentarte todo el día en la orilla del río con una caña con la esperanza de atrapar algún pescado. Te mostraré cómo puedes construir un ecosistema que hará que los peces salten hacia tu bote. Te enseñaré a desarrollar un ambiente que hará que la gente te busque y crea que buscarte fue su propia idea.

¿No me crees? ¡Déjame mostrarte!

EL MEJOR MÉTODO DE PESCA // 27

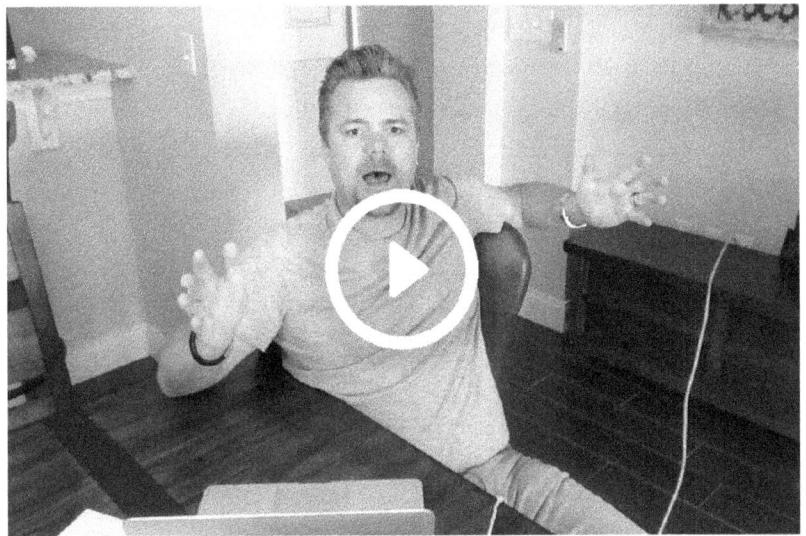

¡Visita **unleashedforimpact.com/videos** para ver el vídeo!

¿A caso no es eso maravilloso? Espero que hayas disfrutado esta demostración. Lo cierto es que este no es un caso de éxito aislado. Hemos logrado esto una y otra vez. Los principios, conceptos y estrategias que se presentan en este libro me han ayudado personalmente a:

- Generar $500.000 en 40 días, comenzando con una idea que todavía no era siquiera un producto. Vendimos la idea, generamos el flujo de ingresos y construimos el producto (con un costo menor al 10% en gastos generales).
- Construir una base de datos de nicho de más de 100.000 *leads* en menos de 3 meses.
- Armar la mayor conferencia de pastores de niños en el país en menos de un año.
- Generar medio millón de dólares de ingresos regalando 4.500 libros.
- Lograr $30.000 en menos de 10 días, vendiendo un producto de $9.
- Generar $100.000 en cinco minutos de un *webinar* (y el doble en las siguientes 24hs).
- Vender el cupo completo de una conferencia con capacidad para 400 personas, en pocos días y enviando invitaciones sólo a 400 direcciones.

- Convertir una conferencia para 650 personas (que, históricamente, vendía $20.000 en productos) en un éxito de ventas de $250.000, con sólo algunas modificaciones.

...y ¡mucho, mucho más!

Esto no es una ilusión. ¡Es real! Abramos nuestra mente y nos lancemos a ello.

CAPÍTULO 5

¡LO ÚLTIMO QUE NECESITAS ES UNA PÁGINA WEB!

Esta es la conclusión a la que llegué después de haber construido 200 sitios web para clientes. No puedo creer que me tomó tanto tiempo llegar a esa conclusión, porque una vez que lo hice, parecía tan obvio.

El momento en que me dí cuenta que había acumulado una deuda de $60.000, supe que algo tenía que cambiar. Nuestro ingreso familiar corriente en ese momento y nuestros esfuerzos por ahorrar no eran suficientes. Sabía que, de alguna manera, tenía que generar más dinero.

En el pico de mi desesperación, el Señor me guió a leer 2º Reyes 4:1-7, donde leemos acerca del profeta Eliseo y la viuda:

Una mujer, de las mujeres de los hijos de los profetas, clamó a Eliseo, diciendo: Tu siervo mi marido ha muerto; y tú sabes que tu siervo era temeroso de Jehová; y ha venido el acreedor para tomarse dos hijos míos por siervos.

Y Eliseo le dijo: "¿Qué te haré yo? Declárame qué tienes en casa".

Y ella dijo: "Tu sierva ninguna cosa tiene en casa, sino una vasija de aceite".

El le dijo: "Ve y pide para ti vasijas prestadas de todos tus vecinos, vasijas vacías, no pocas. Entra luego, y enciérrate tú y tus hijos; y echa en todas las vasijas, y cuando una esté llena, ponla aparte".

Y se fue la mujer, y cerró la puerta encerrándose ella y sus hijos; y ellos le traían las vasijas, y ella echaba del aceite.

Cuando las vasijas estuvieron llenas, dijo a un hijo suyo: Tráeme aún otras vasijas. Y él dijo: No hay más vasijas. Entonces cesó el aceite.

Vino ella luego, y lo contó al varón de Dios, el cual dijo: "Ve y vende el aceite, y paga a tus acreedores; y tú y tus hijos vivid de lo que quede".

La viuda en esta historia estaba en una situación desesperante. Las circunstancias la habían llevado a una posición donde llegó a acumular una tremenda deuda. La situación era totalmente desesperante. Simplemente, no había ninguna salida si Dios no intervenía. ¡Pero lo hizo!

El profeta le hizo una pregunta muy simple: "Declárame qué tienes en casa".

Esta pregunta es profunda. Implica que, incluso en la situación más desesperante, hay algo "en tu casa" con lo cual Dios puede obrar. Cuando Eliseo hizo la pregunta, la viuda se vio forzada a pensar en la respuesta. Se vio impulsada a identificar aquello que se convertiría en el vehículo para su liberación.

Una pequeña vasija de aceite de oliva: algo que parece insignificante se convirtió en el arma de guerra que la llevaría a la victoria, al favor y a una abundancia increíble. No sólo traería bendición para ella sino que le permitiría dejar un legado para la próxima generación.

¿CUÁL ES TU ACEITE?

Cuando leí esta historia, sentí que el Señor me preguntaba lo mismo acerca de mi propia casa. ¿Qué tenía en mi casa que Él podría utilizar para multiplicarlo? Lo pensé mucho. Yo no había estudiado una carrera. Mi experiencia en el ejército holandés no era de mucha ayuda de este lado del charco. La verdad es que no veía mucho en mi casa con lo cual se pudiera trabajar.

Luego recordé que, algunos años antes, había comprado un libro en Books-A-Million. Lo había leído entero. Era un libro sobre Adobe Photoshop 6. Lo compré porque acababa de salir Adobe 7 (para quienes no lo saben, Photoshop es el software de edición de imágenes líder en el mercado). El noventa por ciento de las prestaciones de Photoshop 7 era igual en Photoshop 6, con lo que básicamente aprendí por mi propia cuenta las bases de diseño gráfico. Había utilizado estos conocimientos básicos para realizar algunas gráficas sencillas para el ministerio en el cual me encontraba involucrado. No habían sido diseños merecedores de premios pero sabía lo suficiente como para volverme peligroso.

Una cosa más me vino a la mente. Siete años antes, había trabajado en una empresa llamada New Horizons Computer Learning Centers. Era la empresa más grande de entrenamiento en Tecnologías de la Información en el mundo, con más de 300 sedes a lo largo del globo. Yo me había sumado al equipo de ventas de la ciudad de Utrecht, en Holanda, donde acababan de abrir una nueva oficina. No tenía ninguna experiencia en ventas de empresa a empresa pero, por alguna razón, pensaron que yo era la persona para el trabajo. ¡Cuánto aprendí! Descubrí que era bueno en esto de vender. En cuatro meses, había quebrado dos marcas de ventas. Mi jefe estaba muy entusiasmado.

Mientras pensaba en estas oportunidades, algo surgió en mí. Mi mente empezó a girar. ¿Sería ese mi "aceite"? ¿La experiencia en ventas junto con mi conocimiento de Photoshop?

La emoción me sobrecogió y se convirtió en lo que sólo puedo llamar una confianza sobrenatural. ¡Esto podría funcionar! Con mi experiencia en ventas y en diseño gráfico, podía aprender a construir un sitio web. No tenía idea de cómo hacerlo; pero si me lo proponía, seguramente lo podía hacer. Tomé los avisos clasificados y empecé a llamar a negocios locales que no parecían tener presencia online. No tardé mucho en hacer mi primera venta.

Uno de mis primeros proyectos fue construir un sitio web para un local de almacenamiento llamado Lake Mary Mini Storage. Vendí el proyecto en $299. Esto no iba a sacarme de mi situación, pero era un comienzo. En poco tiempo, me había vuelto bastante bueno en desarrollo web. Conseguir nuevos clientes, por algún motivo, me resultaba fácil. Nunca me faltaron proyectos. Tenía esta gran meta de, eventualmente, algún día, llegar a ganar $4000 por mes construyendo sitios web. En lo profundo de mi ser creía que Dios multiplicaría mi aceite.

A los cuatro meses había alcanzado mi meta. Cuatro meses más tarde, la había duplicado. Un año más tarde, lo había vuelto a duplicar. Lo mismo ocurrió al año siguiente. Llegó un momento en que estaba generando millones de dólares con mis negocios en el espacio digital.

CARTELES EN EL DESIERTO

Algo interesante ocurrió. Al comenzar a ver los datos de Google Analytics de mis clientes, descubrí que un 60-80% del tráfico de cualquier sitio "rebotaba".

Esto, básicamente, significa que la mayoría de la gente decide abandonar el sitio web en los primeros cinco segundos.

Esto me resultó perturbador. La mayoría del tráfico generado no permanecía suficiente tiempo como para poder contar las historias de mis clientes. Cinco segundos no era suficiente para atraer a la audiencia.

En otras palabras, el 99% de los sitios web que construimos no contribuía significativamente a la rentabilidad de las empresas. La sola idea era deprimente. Como empresa, estábamos recibiendo sumas considerables de nuestros clientes que nunca recuperarían la inversión.

Básicamente, estábamos vendiendo "carteles en el desierto".

Nuestros sitios web se veían muy bonitos pero a nadie le importaba. Nadie se tomaba el tiempo de verlos siquiera. No tardé mucho en llegar a la conclusión de que los sitios web, la mayoría de las veces, terminaban siendo un barril sin fondo que sólo generaba gastos sin retorno.

La pregunta que no podía quitar de mi mente era: "¿Qué puedo hacer para retener a la gente el tiempo suficiente para contar mi historia?" ¿Cómo puedo atraer a la gente? ¿Qué lenguaje visual y no-visual debo utilizar? ¿Cuál es el truco? Me obsesioné con encontrar respuestas a estas preguntas.

CÓMO CONSERVAR LA ATENCIÓN DE LA GENTE DURANTE MÁS DE CINCO SEGUNDOS

La gente se hace tres preguntas cuando se encuentra con un sitio web. Es necesario responder las tres preguntas. Si no logramos responder eficazmente alguna de estas preguntas en los primeros cinco segundos, la audiencia rebotará.

Puede que la audiencia no se dé cuenta de que tiene estas preguntas, pero a nivel subconsciente, lo hace. La palabra que caracteriza al mundo digital es rápido. ¿Cuántas veces buscas algo en Google, presionas un enlace y decides, en tan solo segundos, que no es lo que estabas buscando? La gente está apurada. Busca información y la quiere ya mismo. Hay poca paciencia. Si sabemos qué preguntas responder, tendremos una ventaja.

Estas son las tres preguntas:

¡LO ÚLTIMO QUE NECESITAS ES UNA PÁGINA WEB! // 33

1) ¿Dónde estoy?

La respuesta puede ser obvia para ti, pero no lo es para quien nunca ha oído de ti. Tienes una sola oportunidad de dar una primera impresión. Hay muchas razones por las cuales la gente puede llegar a tu página. Cualquiera sea la razón, debemos asumir que no saben mucho acerca de ti. Debemos desarrollar la habilidad de definir nuestra organización en una frase. ¿Recuerdas la frase: *"elevator pitch"* (discurso breve que puedes desarrollar en lo que dura un viaje en ascensor explicando tu idea o proyecto)? Es algo como eso pero más corto aún. En segundos, alguien debe poder entender con quién está tratando. No puedes contar la historia de tu vida. No hay tiempo para eso. Ni lo intentes. Sólo debes darle lo suficiente como para satisfacer su pregunta, y debes hacerlo de una forma que resulte atractiva.

2) ¿Qué puedo hacer aquí?

En realidad, la verdadera pregunta es: "¿Qué quieres tú que hagan?". Tú creas un llamado a la acción basado en tu objetivo. No atiborres tu sitio web con muchos llamados a la acción. Prioriza. Define qué es lo más importante. Si sólo tienes una oportunidad, ¿qué es lo que quieres preguntarles? Cuando preguntes, muéstrales el valor detrás de tu pregunta. Dáles un motivo para decir que sí.

3) ¿Por qué debería hacer esto contigo?

La credibilidad de un tercero es importante. Cualquier cosa que añada credibilidad de un tercero ayuda a construir un fundamento de confianza y conexión. Desarrolla afiliaciones con organizaciones que sean más reconocidas que la tuya. Utiliza testimonios de aquellos a quienes has ayudado. Trabaja de forma tal que recibas cinco estrellas de puntuación de parte de tus clientes.

Cuando comencé a implementar una estrategia basada en mi nuevo entendimiento, vi cómo caían las tasas de rebote. Lo que hice fue un buen comienzo, pero no era la solución al problema mayor que estaba tratando de resolver. ¿Cómo obtuve resultados positivos medibles? Tuve que lograr ser conocido como el tipo que ayuda a la gente a ganar dinero (no el tipo que sólo se lleva su dinero). Aún si lograba retener el tráfico bastante más tiempo en la página web, no era suficiente para lograr suficiente confianza y atracción en la gente.

La pura verdad es que la gente no anda buscando una oportunidad para gastar dinero en alguien. Hace falta algo más que una visita a un sitio web. Debe haber esa base de confianza antes de que la gente esté dispuesta a tomar su billetera y pagar con la tarjeta de crédito.

DESARROLLO DEL PÚBLICO Y RECOLECCIÓN DE DATOS

En los primeros días de internet, se desarrollaron los sitios web como medios para transmitir información. Si quería información, simplemente visitaba un sitio con la esperanza de encontrar lo que necesitaba. El sistema estaba basado en una comunicación de una sola vía. El sitio web comunicaba al visitante. El visitante no tenía la posibilidad de responder.

En el mundo de hoy, internet tiene que ver con una conexión y una relación. Los sitios web sólo juegan un rol menor, porque internet es algo mucho más amplio que los sitios web (lo veremos en mayor profundidad más adelante).

Descubrí que, si quería profundizar mi conversación luego de que la gente hubiera abandonado mi página web, necesitaba establecer algún tipo de conexión que me permitiera hacerlo. El momento en que alguien cliquea en mi página debe ser el comienzo de una relación que continúe aún después de que la persona abandone mi página.

Mi objetivo principal fue ponerme en el asiento del conductor: estar en una posición donde pudiera continuar la conversación en mis propios términos. No quería seguir dependiendo de que la gente se acercara a mí. Quería poder acercarme a ellos cuando yo lo deseara. La única forma de hacerlo era lograr extraer, de los visitantes, información que me permitiera hablarles posteriormente.

En el mundo de hoy, la recolección de información se logra de distintas maneras. Hay muchas plataformas que me permiten construir una audiencia. Puedo comunicarme con esa audiencia en cualquier momento, sin depender de ellos. Esto me permite estar al control.

El mercadeo a través de correo electrónico sigue siendo uno de los medios más efectivos de comunicación. Para cuando había descubierto estos principios, estaba enfocado sobretodo en la construcción de bases de datos de emails y marketing. Decidí olvidarme completamente de los sitios web y enfocarme en las *landing pages* con recolección de datos. Construyo sitios web individuales con un objetivo único: construir la base de datos de mi audiencia. Desarrollamos estrategias increíbles para optimizar nuestra tasa de conversión en estas páginas. Logramos tasas de conversión de hasta 82%, lo cual significa que, de cada 100 personas que visitan nuestra página, 82 acaban en nuestra base de datos. Impresionante.

MARKETING DE CICLO DE VIDA

Comencé a trabajar con organizaciones prominentes a lo largo del país ayudándoles a armar estrategias para desarrollar audiencias de esta manera. Ayudamos a que varias de las empresas tripliquen y cuadrupliquen sus bases de datos en un corto período de tiempo. La construcción de bases de datos se convirtió en lo nuestro.

No me tomó mucho tiempo darme cuenta de que si no sabes cómo continuar la conversación con las nuevas audiencias, no importa cuántos contactos acumules. Algunos de nuestros mayores éxitos hasta el momento, todavía no mostraban resultados positivos en términos económicos. No estábamos logrando atraer a la nueva audiencia.

En un caso, ayudé a un cliente a construir una base de datos desde cero, y llegamos a tener 100.000 contactos en pocos meses. No gastamos nada en publicidad; se logró simplemente aprovechando la influencia existente. Sin embargo, cuando se trataba de venderle a esta audiencia, los resultados fueron mucho menores de lo que deberían haber sido. Me di cuenta, con dolor, que el "cliente perfecto" nunca llega a tu puerta siendo el cliente perfecto. Sino que es el resultado de un proceso a lo largo del tiempo. Nadie llega a tu base de datos listo para comprar.

Por ejemplo: pensemos en tu cliente perfecto. Llamémoslo Johnny. Johnny ha sido un cliente por años. Él no te compró sólo una vez. Él te compró una vez, y luego otra vez, y otra, y otra. No sólo eso, sino que Johnny además ha incrementado la frecuencia con la cual te compraba, y también incrementó su compromiso financiero. Para más, él le cuenta a todos sus amigos acerca de su experiencia comprándote a ti y lo comparte en las redes sociales.

Desearíamos que todos fueran como Johnny, ¿verdad? ¡Es posible!

Lo cierto es que Johnny es un cliente que desarrollaste con el tiempo. Si nos fijamos en la experiencia de Johnny como cliente e identificamos qué hizo que se convirtiera en el cliente perfecto, podemos inferir el proceso. Podemos hacer que otros "leads" o potenciales clientes sean expuestos a las mismas circunstancias que Johnny.

¿Qué hizo que Johnny pasara de ser un contacto a un fanático? Hubo algunos pasos en el camino. Es importante mapear tu ciclo de venta e identificar los pasos que uno debe tomar para que un contacto avance en el ciclo. Todo tiene un ciclo. No puedes tomar atajos en el proceso; requiere paciencia.

Si yo logro saber qué hizo que Johnny se convirtiera en el cliente perfecto, puedo crear un proceso que producirá más Johnnys. Sólo debo asegurarme de que mis llamados a la acción sean suficientemente razonables como para que mis prospectos respondan. Por ejemplo, no puedo pedir a alguien que recién me conoce que me refiera a sus amigos. No tiene sentido. Todavía no tenemos una historia en común. Es cuestión de sentido común, pero todos tenemos la tendencia a ser impacientes.

Hay un proceso natural, compuesto por siete fases, que define todo ciclo de venta. Este proceso es el mismo para cualquier producto e industria. Sin embargo, debes ser capaz de aplicarlo a tu propio producto, servicio u organización.

"El marketing de ciclo de vida" es a lo que llegué con mi negocio. Abracé el desarrollo web, pero esta vez, en el contexto del panorama general. Ahora ayudo a expertos y líderes a desarrollar, no sólo un sitio web, sino también una planificación de marketing comprensivo, adaptado al objetivo de su organización.

"El marketing de ciclo de vida" tiene que ver con crear un mundo que te permitirá construir una audiencia y convertir a esa audiencia en Johnnys. ¡Créeme, es posible! Lo he hecho una y otra vez.

En el próximo capítulo, desglosaré el ciclo de vida típico de un cliente, en siete fases, y te ayudaré a aplicar estas fases a tu marca y producto.

CAPÍTULO 6

MARKETING DE CICLO DE VIDA

Cuánto marketing tradicional puedes pagar antes de quedarte sin dinero? Cuando realmente piensas en esta pregunta, tienes que admitir que es bastante absurda. La idea de la publicidad es invertir dinero en dar a tus productos mayor exposición. El marketing se supone que debe generar un impulso en tus ventas. Cualquier dólar gastado en marketing debería generar más de lo que se ha invertido. Nunca comprendí los "presupuestos de marketing" –¿por qué pondrías más dinero en algo que genera menos dinero?–.

Se supone que el marketing debe generar un beneficio. Si te tienes que preguntar cuánto marketing puedes pagar, algo estás haciendo mal. Si sabes que cada dólar gastado te dará dos dólares, deberías tratar de poner tanto dinero como puedas en este proceso.

El problema es que el marketing y la publicidad tradicionales no funcionan. Son ineficientes, costosos y, en general, insostenibles a largo plazo. Drenan tu flujo de fondos y te secarán. El gráfico siguiente muestra el modelo de marketing tradicional que la mayoría de los emprendedores utiliza para hacer crecer su negocio.

Permíteme explicarte el modelo:

PROCESO DE MARKETING TRADICIONAL

$1000
10 HORAS
→
→ 1000 VISITAS
→

www

100 CONTACTOS

10 CLIENTES

→ ?

90%
↓
900 VISITAS
9 HORAS
TRÁFICO PERDIDO

9%
↓
90 CONTACTOS
54 MINUTOS
CONTACTOS PERDIDOS

↓
CLIENTES PERDIDOS

Supongamos que gastas $1000 y 10 horas de tu tiempo para llevar tráfico a tu sitio web. Imagínate que tu tiempo y dinero invertido generan 1000 visitas a tu sitio web. Estoy utilizando números redondos para facilitar la explicación. En realidad, es probable que gastes mucho más dinero para generar esta cantidad de tráfico utilizando los métodos tradicionales de publicidad.

Mil visitas es una cantidad importante. Sin embargo, el solo hecho de que visiten tu sitio web no significa que vayan a comprar algo. Hay muchos factores que hacen que la gente no compre. El momento puede no ser el adecuado. Tal vez lo que les estás ofreciendo hoy no es algo que estén necesitando. Tal vez están esperando a cobrar el próximo salario para poder pagarlo.

En realidad, sólo un porcentaje menor de quienes son atraídos por una publicidad procederá a comprar en ese momento. Supongamos, en este ejemplo, que un 10% (siendo bastante optimistas) están dispuestos a comprometerse contigo en algún grado. Puede ser que descarguen un producto de muestra. Tal vez se suscriban a tu boletín informativo. O puede que te contacten a través del formulario de contacto de tu sitio.

Si el 10% interactúa contigo, significa que el 90% del tráfico que generaste termina en la basura. El primer cesto de basura del gráfico muestra dónde van a parar 900 de las personas que acaban de visitar tu sitio web. Exactamente. Terminan en la basura. ¿Por qué? Porque nunca sabrás quiénes son. Nunca podrás continuar la conversación con ellos ni atraerlos nuevamente sin realizar un nuevo gasto.

Dicho de otra manera, $900 y 9 horas de trabajo terminaron en la basura.

Piénsalo por un momento. De alguna manera, la publicidad tradicional, hemos llegado a aceptar el hecho de que la mayor parte de lo que gastamos se perderá en el proceso. Pero eso no es todo. Hay un segundo cesto de basura en mi gráfico. El primer cesto es el más grande, y retiene el mayor valor potencial –específicamente, el tráfico que hemos desperdiciado–.

El segundo cesto de basura se llama "contactos perdidos".

El hecho de que el 10% del tráfico generado interactúa conmigo en algún nivel, no significa que me compren. Puede que continúe la interacción con mis nuevos contactos una o dos veces; pero si no me compran, tenemos la tendencia a rotularlos como "malos contactos". ¿Adivina dónde terminan? Correcto, en el segundo cesto de residuos. Digamos que el 10% (siendo muy optimista, de nuevo) de mis contactos se convertirán en clientes que pagan. Eso significa que el 90% de mis contactos acaba en la basura.

Quiere decir que sólo el 1% de mi tráfico acaba siendo un cliente que paga por un producto. Dicho de otra forma, $990 de mis $1000 gastados se han perdido. Hemos generado 10 clientes.

La pregunta que surge es: ¿qué hacemos si queremos tener 20 clientes que paguen? En este modelo, la única respuesta es duplicar el gasto. Tiene sentido, ¿verdad? Si $1000 generaron 10 clientes, entonces (tal vez) $2000 generarán 20 clientes.

Esto sería verdad si no fuera por el tercer cesto de residuos en mi dibujo. Ese cesto se llama "clientes perdidos". Todo el tiempo perdemos clientes. No es porque la gente no nos quiera, ni porque no les agraden nuestros productos. La gente nos deja a causa de la apatía. Simplemente no logramos desarrollar lealtad en nuestros clientes. Entonces, ante la primera oferta de un competidor que sea similar a la nuestra pero con un mejor precio, perdemos los clientes.

Este modelo no funciona. No es sustentable. La pregunta que tenemos que hacernos es: ¿Cómo reciclamos la "basura" para convertirla en algo de valor que contribuya a nuestro resultado económico? ¿Cómo obtenemos mayor rendimiento de nuestro tiempo y dinero?

¡La respuesta es el "Marketing de ciclo de vida"!

El "Marketing de ciclo de vida" tiene en cuenta la experiencia del cliente como se explicó en el capítulo anterior. Respeta el proceso natural de un contacto en tu ciclo de venta. El "Marketing de ciclo de vida" interactúa con tus contactos y clientes en el contexto en el que se encuentran en el camino a convertirse en los clientes perfectos. Tiene la capacidad de remover el desperdicio de tu proceso de marketing y recuperar la basura de los tres cestos de residuos.

He colocado un gráfico más arriba para mostrarte las siete fases del ciclo de vida de un cliente. Permíteme explicar cada una de las fases.

1) GENERAR TRÁFICO

Todo comienza generando tráfico. Esto puede lograrse de distintas maneras; algunas que ni siquiera tienen costo. Puedes convertir influencia en tráfico muy fácilmente: estos son los frutos que están al alcance de la mano.

El tráfico es más que lograr una visita en tu sitio web. Tiene que ver con la "atención". La atención se logra cuando tienes una voz que apela a una audiencia específica –ya sea en línea o fuera de línea–.

Si estás leyendo este libro, es probable que seas un "influencer" o que aspires a serlo. Si eres "influencer"en algún nivel, tienes influencia que puedes aprovechar. Los momentos de influencia se crean cuando:

- Hablas delante de un grupo.
- Alguien visita tu sitio web.

- Alguien ve tu perfil en las redes sociales.
- Brindas una entrevista en un podcast.
- Escribes un artículo para una revista o blog.
- Alguien lee tu libro.
- ¡Y muchas otras situaciones posibles!

Básicamente, cada situación en la cual te encuentres influenciando gente, representa una oportunidad única para crear una conexión duradera. Sí, pagar para obtener tráfico y lograr captar la atención es una buena idea; pero sobre todo cuando recién estás comenzando, es probable que sea mejor enfocarse en lo que ya tienes y puedes aprovechar.

Una de las mayores tragedias que he visto entre "influencers" de alto nivel es la falta de intencionalidad en lo que refiere a aprovechar la influencia. Algunos de estos líderes hablan frente a miles de personas cada semana: han estado en televisión, frente a multitudes, pero nunca han construido una audiencia o base de datos. Han creado experiencias momentáneas para audiencias temporales, pero no han desarrollado relaciones de largo plazo. ¡Qué pérdida! Al no hacerlo, muchos de estos líderes han perdido millones de ingreso potencial. Si se hubieran utilizado mecanismos estratégicos para asimilar la audiencia, podrían haber continuado la conversación más adelante.

2) CAPTURAR DATOS

Al poner en funcionamiento mecanismos simples, puedes convertir una atención del momento en una relación de largo plazo. Esta fase en el ciclo de vida del cliente te ayudará a redimir "el cesto de residuos del tráfico perdido".

He ayudado a un sinnúmero de clientes a construir enormes bases de datos de esta manera. No requiere que los "influencers" hagan nada distinto a lo que ya han venido haciendo. Sólo se necesita un mecanismo adaptado a cada "plataforma de atención". Todas las plataformas contribuirán a generar una gran base de datos centralizada. A medida que profundices las relaciones con tu audiencia, esto te permitirá incorporar información y relacionarte con ellos de manera más efectiva, en el tiempo.

Antes de darte ejemplos prácticos de mecanismos que puedes crear, permíteme explicarte lo que debe ocurrir si deseas que la gente, voluntariamente, te brinde sus datos. Lo cierto es que no hay una fila de gente esperando para darte su email, su número de teléfono, su dirección, etc. Debes darles algo a cambio.

Puedes ser muy creativo para encontrar mecanismos para que la gente ingrese en tu base de datos. La clave es la siguiente: debes darles una razón. No hay nada peor que un formulario opcional en tu sitio web que diga "Recibir boletín". Si tienes un formulario de este tipo en tu sitio web, probablemente ya te has dado cuenta de que nadie lo llena. Ocurre que le estás ofreciendo a la gente más "correo basura" (SPAM) del que ya reciben. Debe haber una propuesta real de valor.

Para ingresar en tu base de datos debe haber una transacción real de algún valor –tal vez no sea dinero, pero debe haber un intercambio de valor–. Nadie regala su información personal sin esperar algo a cambio. Debes crear lo que nosotros llamamos un "imán de contactos". Esto es un recurso gratuito que ofreces a cambio de la identidad de alguien. Un *imán de contactos* debe cumplir tres criterios:

1) Debe tener valor.
Mientras mayor sea el valor, más potente será el imán. Mientras más potente sea el imán, mayor será la tasa de conversión de tu página. En otras palabras, si regalas algo de mucho valor, más gente estará dispuesta a intercambiar su información personal por eso. Es oferta y demanda. El libre mercado es una belleza.

2) Debe ser relevante para tu objetivo demográfico.
Debemos estar seguros de que el recurso que ofrecemos es, de hecho, relevante para nuestra audiencia pretendida. No tiene ningún sentido ofrecerle a una persona esbelta y deportiva, un recurso para ayudarlo a perder 25 libras.

3) Debe ser relevante para tu objetivo ulterior.
Hay un dicho que utilizo a menudo y dice: "Si no puedes regalarlo, entonces no puedes venderlo".

Si trato de regalar algo pero la gente no lo quiere, es imposible que venda ese mismo producto a la misma gente. Tu imán de contactos debiera ser un recurso que permita a tu audiencia objetivo experimentar una "muestra" de lo que le quieres vender a futuro. En otras palabras, si les gusta la muestra gratuita, van a amar lo que estoy por ofrecerles.

Si ese es el caso, el recurso gratuito que ofrezco precalifica a mi audiencia objetivo antes de intentar venderle algo. Si tu imán de contactos cumple los tres criterios, está garantizado que funcionará.

Crear imanes de contactos es divertido. Puedes innovar cuanto quieras, siempre y cuando el imán cumpla con estos tres criterios. Nosotros hemos regalado muchísimos recursos a lo largo de los años. Algunos ejemplos son:

- Cursos de capacitación completos.
- Libros impresos publicados específicamente con la finalidad de ser un recurso gratuito.
- Becas / Ayuda financiera.
- Suscripciones de correo electrónico basadas en valores.
- Conferencias en línea y congresos.
- Webinars y eventos en línea.
- Períodos de prueba de suscripciones.
- Planes de estudios.
- Regalos de premios / sorteos.
- Y mucho, mucho más…

Así que ahora que entiendes cómo puedes convencer a la gente de que te entregue voluntariamente su información, déjame darte un par de ejemplos de cómo implementar estos mecanismos.

Cada plataforma necesita su propio mecanismo. Tu mecanismo debe ser compatible con esa plataforma en particular y esa audiencia. He trabajado con mucha gente que tiene una plataforma en la televisión. El problema con la televisión es que no sabes quién está del otro lado de la pantalla. Además, dependes totalmente de que los televidentes recuerden sintonizar tu canal o grabar tu programa. La televisión es cosa del pasado y la mayor parte de la atención está en otros medios. Sin embargo, si vas a estar en televisión, debes tener un mecanismo que logre ingresar a tus televidentes en tu base de datos.

Una manera de hacerlo es crear un imán de contacto accesible a partir de un mensaje de texto. La gente puede enviar una palabra clave a un determinado número telefónico que activa el envío de algún recurso gratuito. Al exhibir esta oferta gratuita en el sector inferior de la pantalla, lograrás convertir un volumen significativo de gente en información en tu base de datos. También podrías utilizar un simple URL que lleve a una página de acceso.

Si tienes un sitio web, tendrás tráfico. Ya que tienes tráfico, podrías tratar de capturarlo. Algo que me ha dado mucho resultado es desplegar *pop-ups* (ventanas emergentes) de salida. Estas ventanas emergentes se disparan cuando tu *mouse* realiza un movimiento para dejar la página. En otras palabras, dejas a tu audiencia en paz mientras están viendo tu sitio. Sin embargo, cuando ves que han decidido irse, estas ventanas emergentes le dan una oportunidad a tu imán de contactos para lograr que las visitas interactúen contigo. Ya se estaban yendo así que no tienes nada que perder. Esta ventana emergente le ofrece a la persona una oportunidad de llevarse algo de valor antes de desaparecer para siempre en el ciberespacio. ¿Tiene sentido?

Todo lo que tienes que hacer es pensar en tus momentos de influencia. Haz una lista. Luego, piensa en formas en que tu audiencia pueda interactuar con tu imán de contactos con la mejor fricción posible.

Por fricción me refiero a algo que pudiera impedir que alguien reclame la oferta de tu imán de contactos. Por ejemplo, si el mecanismo para reclamar un imán de contactos es llamando a un número telefónico mientras estás dando una conferencia, estás creando fricción. La gente no va a llamar mientras te está escuchando hablar en el escenario. Ese mecanismo no es compatible en este caso. Necesitas, más bien, algo como un URL a la cual puedan acceder desde sus teléfonos.

Haz la lista. Sé creativo. Diseña un proceso que te permita convertir el tráfico en una base de datos.

3) DESARROLLA TUS CONTACTOS

Cuando conviertes el tráfico en información en tu base de datos, se convierte en un *lead* (contacto). Una vez que se ha generado un contacto, comienza un proceso de desarrollo. Dependiendo de lo que vendas, pueden ser necesarios varios puntos de contacto para crear una relación suficientemente profunda y la confianza necesaria para que este prospecto gaste dinero en ti. Un buen proceso de desarrollo de *leads* te permitirá redimir "el cesto de los contactos perdidos".

Hablaremos mucho más de este concepto de desarrollo del contacto, porque es crucial para el proceso. Sólo puedes ser efectivo en el lanzamiento de un producto si lo haces desde una plataforma de compromiso. La fase de desarrollo del contacto es la que crea ese compromiso. Si lo haces bien, tu prospecto se encontrará, subconscientemente, en una situación donde él te estará buscando a tí.

Lo que debes hacer es responder alguna de sus preguntas más importantes y resolver algunos de sus problemas más urgentes, sin ningún compromiso. Agregar valor desarrolla el compromiso. Tu mensaje ofrece respuestas a las preguntas de los demás. Cuando das un mensaje y demuestras que realmente ayuda a tu prospecto, estás desarrollando ese contacto.

En los capítulos siguientes, te mostraré exactamente cómo se desarrolla el compromiso, y te daré ejemplos prácticos de cómo hacerlo efectivamente.

4) CONVIÉRTELOS EN VENTAS

Los clientes que pagan son el resultado natural de haber desarrollado un *lead*.

La Biblia nos enseña lo siguiente:

"No tienen, porque no piden" (Santiago 4:2 NVI). En algún momento del proceso, cuando se ha logrado un grado de compromiso considerable, necesitamos pedir la compra. Esto no siempre surge naturalmente. A veces sentimos que pedir que nos compren puede ser percibido como presión. No queremos ser muy agresivos. Pensamos que, si la gente realmente quiere lo que tenemos para ofrecer, vendrá y lo pedirá.

Lo contrario es la verdad.

Para lograr resultados medibles, debes ser agresivo. Debes ir detrás de tus prospectos. Debes empujar la venta para lograrla. No puedes tener temor de molestar a la gente.

Habiendo dicho esto, en toda base de datos habrá lo que llamamos "el 2% de los quejosos". Esta gente siempre se molesta ante un esfuerzo de venta. Es el grupo de gente en el cual pensamos cuando nos preocupamos por no ser agresivos. El peligro es hacer más caso a ese 2% que a la gran mayoría de la gente que de verdad desea lo que ofrecemos. No podemos permitir que los quejosos determinen nuestro proceso de marketing.

Sólo hay una manera de tratar con los quejosos. ¡Ignóralos! Invítalos a irse. Si tratas de complacerlos, te embarcas en un esfuerzo sin fin, en una batalla perdida. Los quejosos nunca han sido tus clientes y nunca lo serán. Por algún motivo, los quejosos terminaron dentro de tu ciclo de marketing. Sin embargo, nunca fueron tus clientes y nunca lo serán.

En quienes te debes enfocar es en el otro 98% de tu embudo: aquellos que realmente están entusiasmados con tu mensaje. Esta gente *quiere* que les ofrezcas tu producto. ¿Cómo lo sé? Recuerda que, básicamente, te lo pidieron al solicitar tu imán de contactos. Al reclamar el recurso gratuito que ofrecías, demostraron interés en comprarte (recuerda, si no lo puedes regalar, no lo puedes vender).

Al solicitar lo gratuito, demostraron interés en tu contenido. Si tu imán de contactos cumple con los tres criterios que presenté anteriormente, puedes estar seguro de que les encantará lo que vendes.

Luego de haber sido expuestos a una secuencia efectiva de desarrollo, estarán listos para comprarte. Subconscientemente, están suplicando por tu producto. Sólo tenemos que pedir la compra para darles el último empujón.

Esta "solicitud" puede ser agresiva. De hecho, cualquier lanzamiento de producto con un límite de tiempo específico, requerirá una mayor frecuencia de comunicación, con una mayor intensidad. Enviar 3 o 4 correos durante las 24hs anteriores a la expiración de la oferta no es demasiado. De hecho, he tenido muchas experiencias que demuestran la potencia de un cierre agresivo en las últimas 24hs antes de la fecha límite. Cualquier oferta por tiempo limitado, presentada a lo largo de un período de tiempo extendido, duplicará tus ventas si te atreves a ser agresivo.

Si ofreces un producto con un precio especial de lanzamiento a lo largo de siete días, lograrás el 50% de tus ventas en el último día.

Por supuesto que para eso debes ser efectivo con tus correos para que funcione, pero si está bien hecho, es así. La gente que compone tu base de datos piensa distinto. La gente responde de distintas maneras ante los distintos gatillos psicológicos. La mayoría de los lanzamientos de producto que hacemos suele terminar con una campaña agresiva de *Ganancia, Lógica, Temor* que dispara distintos interruptores psicológicos. Estos gatillos hacen que la gente quiera comprar, ¡ya mismo! Veamos cada paso de esta campaña con mayor detalle.

Ganancia

Para alguna gente, el disparador es lo que pueden ganar. Si puedo demostrarles que su vida será mejor cuando hayan comprado mi producto, lo más probable es que me compren. Para escribir un texto promocional para este tipo de persona simplemente debo pintar un cuadro de la experiencia futura de mi prospecto que le permita ver cómo se verá beneficiado en su vida diaria. También debo hacerle ver la conveniencia de comprar *ahora* en lugar de hacerlo después. Para esto, puedo presentar un descuento con fecha de vencimiento, o un contenido *extra* que le ofrezco si decide comprar hoy.

Lógica
Para otra gente, el disparador es la lógica. Si puedo demostrarles que ya están gastando este dinero de distintas maneras, o que el gasto se pagará sólo con los resultados obtenidos, puedo explicar la conveniencia desde el punto de vista lógico para empujar la venta. Si logro mostrar a la gente "lógica", por medio de la lógica, que además de querer mi producto, lo necesitan, aún mejor. Si añado un sentido de urgencia mostrándoles que mi oferta expira a medianoche, nuevamente la lógica les dirá que es mejor comprar hoy que hacerlo mañana, porque terminarían pagando más.

Temor
Este es quizás el disparador más poderoso. Mucha gente sufre lo que llamamos el *Temor a quedar fuera*. Si puedo mostrar a la gente que "miles de personas ya se están beneficiando con esta fabulosa oferta que expira esta noche", puedo inducir ese temor de quedarse fuera. Me fascina cómo funciona cada vez que envío un correo electrónico enfocado en este temor, aunque sean horas antes de que expire la oferta.

Todo esto sólo para decirte que no debes tener temor de empujar la venta. Convierte a tus contactos en clientes que paguen.

5) ENTREGA Y ¡ASOMBRA!

La mayoría de los especialistas en mercadeo suelen salir en busca de nuevos prospectos ni bien se realiza la venta. Esto es un grave error. Acabas de gastar todo este tiempo y energía en desarrollar una relación y construir la confianza para que alguien te compre y, en cuanto lo hace, comienzas a enfocarte en otros. Cuando alguien te compra por primera vez, debes asegurarte de que su experiencia sea fantástica. No hay nada más poderoso para tu proceso de marketing que un cliente satisfecho en tu base de datos.

Debemos asegurarnos de entregar nuestros productos con excelencia. De hecho, necesitamos asombrarlos haciendo más de lo que esperan. ¿Por qué es tan importante? Porque sin eso no puedes avanzar a las fases 6 y 7.

Una historia que suelo compartir es acerca de un experto en marketing que sigo en línea. En una de sus campañas me ofreció un recurso en vídeo que podía comprar por $300. En este vídeo, me dijo que me enseñaría "15 maneras distintas de presentar el mismo producto sin ser molesto".

El vídeo era un extracto de 40 minutos de una conferencia que dio en un evento. Ni siquiera estaba producido para ser presentado como un producto. Yo no podía creer que estaba siquiera considerando gastar $300 en un vídeo que ni siquiera había sido producido específicamente con ese propósito. Sin embargo, como alguien que se dedica al marketing, realmente quería conocer estas 15 posibles formas de presentar un producto que podía utilizar en mi proceso de venta.

Así que, finalmente completé el formulario de compra con mi tarjeta de crédito. En lo profundo de mi ser, estaba molesto con él, por lo que me estaba ofreciendo, y conmigo mismo por estarlo aceptando. Traté de pensar en otra cosa. Cuando recibí mi correo de confirmación con los detalles de acceso, ingresé en la plataforma. Me sorprendió encontrar tres vídeos, en lugar de sólo uno. El primer vídeo duraba aproximadamente un minuto, así que comencé por ese.

El experto en marketing comenzó a explicar cómo me había "engañado" para que creyera que sólo estaba comprándole un vídeo. Luego me explicó que, además de darme las "15 distintas maneras de presentar el mismo producto sin ser molesto" me estaba dando un vídeo con "17 claves que hacen que la gente te quiera comprar".

Yo no podía creerlo. El valor de lo que yo acababa de comprar acababa de duplicarse. El sentimiento de molestia desapareció por completo. Ahora, en vez de sentir que me había estafado, sentía que le *debía* algo. Fue sumamente extraño. Lo más cómico es que, probablemente no haya perdido ninguna venta por no haber incluido su segundo vídeo en la promoción de la venta. Al no incluirlo, tenía algo que podía aprovechar *después* de realizada la venta. ¡Realmente me asombró! Tanto, que aquí me encuentro escribiendo acerca de ello.

Si solamente me hubiera dicho que, por $300 recibiría los dos vídeos, no me hubiera asombrado. Simplemente lo hubiera comprado y nunca hubiera hablado acerca de esa experiencia.

Sin embargo, ahora me encuentro subconscientemente en deuda con él. Él ganó mucho crédito emocional en mí, que puede utilizar más adelante en mi ciclo de vida como cliente.

Nosotros debemos hacer lo mismo. Siempre debemos estar pensando en maneras de hacer *algo más*. ¿Cómo podemos hacer para siempre estar dando más de lo que la gente que nos acaba de comprar espera? El ASOMBRAR a nuestros clientes, nos permite redimir el "cesto de basura de los clientes perdidos" porque desarrolla la lealtad. No debemos sólo entregar lo que prometimos. Siempre tenemos que ASOMBRAR al cliente.

6) UPSELL (VENTAS SUPLEMENTARIAS)

Ahora que tenemos un cliente que paga alegremente, debemos asegurarnos de maximizar el potencial del mismo. ¿Cómo obtenemos más ingresos de un cliente? La respuesta es simple:

- Logras que te compre otra vez
- Logras que te compre con mayor frecuencia
- Logras que te compre más caro

¿Estás maximizando el potencial de tu base de datos de clientes? ¿Estás tratando de llevar a los clientes a un mayor compromiso económico contigo al ofrecerles, intencionalmente, productos de mayor valor? ¿Estás convirtiendo a tus compradores en clientes de largo plazo o suscriptores?

Si la respuesta es "no", debes comenzar a pensar en esta fase y a desarrollar una estrategia para incrementar el monto gastado por tu cliente promedio.

En un próximo capítulo sobre *packaging* (o embalaje), explicaré cómo construir una cartera de productos que permita a los prospectos engancharse con algo gratuito, algo barato, algo de precio medio, algo caro, y finalmente, con algo exclusivo. Y todo esto sin mucha fricción.

7) REFERIR A OTROS

¿Recuerdas cuando te dije que no toda publicidad cuesta dinero? Bueno, no existe mejor fuente de publicidad que tu base de datos de clientes existentes. Si tú produces clientes contentos y asombrados con tu entrega, que te compran una y otra vez, tienes algo sumamente poderoso que puede generar más tráfico de calidad, absolutamente gratis.

Simplemente pide a tus clientes que refieran a la gente de modo tal que crees un flujo sólido de tráfico que ingresa en la fase uno de tu ciclo de vida del cliente.

En la mayoría de los casos, ni siquiera es necesario ofrecer recompensa alguna, aunque puede ser un lindo gesto hacerlo. Si has invertido tiempo y energía en desarrollar excelentes relaciones, lo más probable es que tus clientes te hagan el favor sin pedir nada a cambio. El tráfico generado por tus clientes es de una calidad mucho mayor que la de los fríos contactos que llegan a través de la publicidad paga. El motivo es que estos contactos vienen con la recomendación de "su amigo".

No prestar atención a la fase 7 es un gran error. Esta fase es la que genera gran parte del tráfico necesario para mantener tu ciclo de vida funcionando. Confía en el proceso. Pide a tus clientes que corran la voz.

CERRANDO EL CICLO DE VIDA DEL CLIENTE

Ahora que conoces las siete fases del ciclo de vida de un cliente, también comprendes que el marketing del tipo "talle único", no funciona.

Cada persona que entra en tu base de datos se encuentra en una etapa distinta de su ciclo como cliente. Es por eso que necesitamos algo llamado "marketing automatizado", que básicamente adapta el proceso basado en qué parte del ciclo se encuentra un prospecto.

Es posible diseñar planos para un ciclo de vida y automatizarlos al 100%. En otras palabras, el ciclo de vida que tú crees para tus productos siempre estará en funcionamiento, incluso mientras tú te encuentres durmiendo. Cuando alguien ingresa en tu embudo, el sistema automatizado se hace cargo.

Esto se logra con la implementación de la tecnología que te permite construir estos planos. Al final del libro, te daré un pantallazo de las herramientas que yo he utilizado para crear ambientes como estos. Te daré algunos enlaces para que puedas estudiar estas soluciones por tu propia cuenta. No todas las herramientas ni todos los programas funcionan para todos; pero te ayudaré a identificar lo que tú necesitas para tu situación en particular.

CAPÍTULO 7

LLEVANDO TU MENSAJE AL MERCADO

Lo he dicho antes y lo volveré a decir: llevar tu mensaje al mercado de manera efectiva y rentable es muy simple; pero no es fácil. Es simple porque, literalmente, cualquiera puede hacerlo. No es fácil porque requiere esfuerzo, determinación y perseverancia. Te llevará a ser visto como irracional por los tradicionalistas.

Hay una curva de aprendizaje cuando hablamos del mundo del marketing y la comunicación. Quienes se comprometen a seguirla definitivamente cosecharán el fruto de haberlo hecho. Antes de lograrlo, debes tener en cuenta el costo. ¿Recuerdas los vídeos que te mostré de los peces saltando a la barca y las notificaciones en mi teléfono móvil? Muchas veces, la gente ve estos resultados y piensa que se logran rápida y fácilmente. Lo cierto es que todo requiere esfuerzo y enfoque. Es divertido ver el resultado final, pero no ocurre automáticamente. Debes tener en cuenta el costo.

La Biblia dice: "Porque ¿quién de vosotros, queriendo edificar una torre, no se sienta primero y calcula los gastos, a ver si tiene lo que necesita para acabarla? No sea que después que haya puesto el cimiento, y no pueda acabarla, todos los que lo vean comiencen a hacer burla de él, diciendo: Este hombre comenzó a edificar, y no pudo acabar" (Lucas 14:28-30).

El hecho de que hayas llegado hasta este punto en el libro indica que estás pensando en construir una torre. Estoy convencido de que lo puedes hacer.

CÓMO INTEGRAR LAS SIETE FASES

En los próximos siete capítulos, voy a explicar en detalle el proceso de llevar tu mensaje al mercado. Te voy a orientar, paso a paso, y te ofreceré herramientas prácticas que puedes utilizar inmediatamente para comenzar a construir tu torre.

Así como en el ciclo de vida del cliente, este proceso también tiene siete etapas. A lo largo de los años he seguido (y aún sigo) a muchos expertos en marketing. He aprendido mucho de la mayoría de ellos. Sin embargo, algo que he notado es que, muchos de ellos, sólo se enfocan en uno o dos de los siete pasos cruciales de este proceso. Por ejemplo, he visto a algunos enfocarse en el desarrollo de marcas; son excelentes cuando se trata de contar tu historia de manera efectiva. Otros se enfocan en cómo presentar efectivamente tu producto para hacerlo consumible. Otros se enfocan en el desarrollo de campañas o en cómo crear una publicidad de Facebook efectiva.

Todo esto es importante, pero no sirven si son trabajadas de manera aislada. Deben estar conectadas al resto del proceso. Lo que no he visto es un enfoque comprensivo que combine todos estos componentes para dar forma a un plan maestro. El gráfico que presento a continuación es mi intento de combinar estos componentes en un marco general que espero que te ayude a ver el panorama más amplio.

Bajo ningún punto de vista pretendo decir que esto es algo completo y acabado. Lo más probable es que continúe realizando sintonía fina en este proceso a medida que siga aprendiendo. Esta presentación es lo más completo que puedo ofrecer en este momento de mi vida.

LO LLAMO "EL PROCESO DEL MENSAJE AL MERCADO"

He listado cada etapa en tres categorías, de izquierda a derecha. Todas las fases están interconectadas de manera que la distinción se hace imperceptible. Existe el peligro de que trabajes sobre cada uno de los próximos capítulos de manera aislada. Es extremadamente importante que no permitas que eso suceda. Los siete pasos deben estar conectados. Una fase debe conectarse imperceptiblemente con la próxima y fluir hacia la siguiente.

Te presentaré algunas preguntas que formulé para ayudarte a crear continuidad entre las distintas fases:

- ¿Es compatible, lo que estoy haciendo, con mi estrategia general?
- ¿Tiene sentido, lo que estoy haciendo, cuando considero el contexto del ciclo de vida ideal de un cliente?
- ¿Es compatible, la tecnología que utilizo en esta fase, con la necesaria en las siguientes?
- ¿Estoy innovando en el proceso?
- ¿Me estoy conectando efectivamente con mi audiencia objetivo, utilizando los gatillos psicológicos?
- ¿Son consistentes estos gatillos con lo que estoy haciendo en las otras fases?
- ¿Cómo estoy desarrollando un compromiso progresivo con mi audiencia en esta fase?

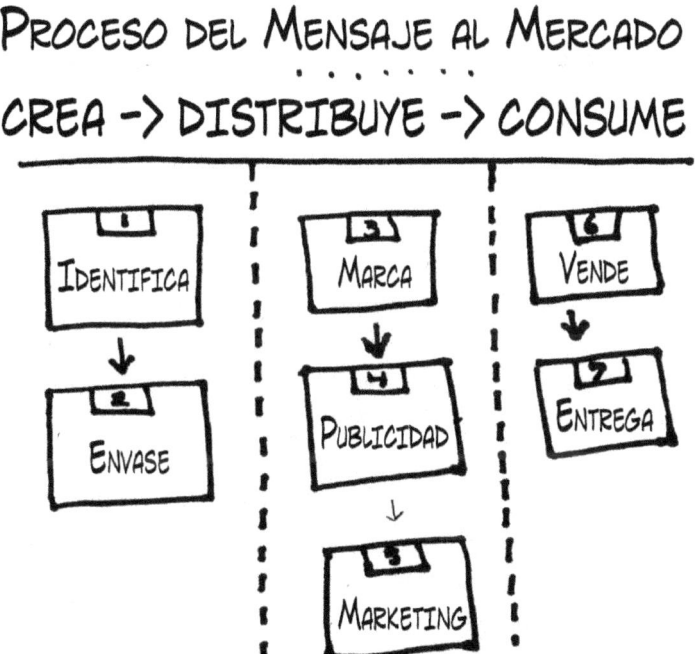

Estas son algunas preguntas que te puedes hacer mientras trabajas en esto. En mi entrenamiento avanzado, te acompañaré a pensar en preguntas como estas en más detalle, pero esto debería servirte para ir comenzando.

Entiendo que este gráfico puede parecer algo abrumador. Te prometo que es mucho más simple de lo que parece. Voy a explicar cada una de las siete fases de una manera simple y ofreceré pasos a seguir que te permitirán aplicar, inmediatamente, lo que has aprendido. Comencemos.

OPTIMIZACIÓN VS. INNOVACIÓN

Antes de entrar en el detalle de cada una de las siete fases, siento la necesidad de hablar acerca del rol de la innovación. La mayoría de los "influencers" modela su estrategia siguiendo lo propuesto por otros "influencers" exitosos (sobretodo en el ámbito ministerial y de la iglesia). Si bien esto no es, en sí, algo malo, la innovación resulta esencial si queremos diferenciarnos.

Dios es innovador. Cuando Él habla, crea cosas que no existían. Su deseo es hacer algo nuevo, no algo que ya ha sido hecho.

¿Cómo lo sabemos? En Isaías 43:18-19 dice:

No os acordéis de las cosas pasadas,
ni traigáis a memoria las cosas antiguas.
He aquí que yo hago cosa nueva;
pronto saldrá a luz;
¿no la conoceréis?
Otra vez abriré camino en el desierto,
y ríos en la soledad.

Dios declara en este pasaje que hará algo nuevo. Para poder ver cómo las cosas nuevas salen a luz, debemos olvidar las cosas pasadas.

Son las cosas pasadas las que nos impiden innovar. Es fácil ver el éxito pasado de otras personas y utilizar eso para modelar lo que haremos nosotros. Eso no es innovación. Eso se llama optimización.

Cuando leemos escrituras como la que acabamos de leer, tendemos a mitificar la "cosa nueva" que Dios está por hacer. Lo pensamos como algo intangible-incomprensible. En realidad, es mucho más sencillo.

Si realmente creemos que hemos sido creados como seres únicos por diseño divino, todo lo que debemos hacer es convertirnos exactamente en aquello que Dios nos creó para que fuéramos. Entonces, según la definición de Dios, seremos innovadores.

Si nadie es exactamente como yo, y yo me convierto en aquello para lo cual Dios me creó, estoy trayendo al juego algo nuevo. Estoy aportando algo que nadie, ni en el pasado, ni en el futuro ha podido ni podrá aportar. No existe punto de referencia para lo que Dios te ha llamado a ser y hacer. Dios hace algo nuevo a través nuestro cuando nos convertimos en quienes Él nos creó para que fuéramos. Es tan simple como eso.

Veamos un vídeo corto que muestra la diferencia entre la optimización y la innovación.

¡Visita **unleashedforimpact.com/videos** para ver este vídeo!

Durante décadas, atletas de todo el mundo han tratado de optimizar sus habilidades de salto en alto para mejorar sus resultados. Por defecto utilizaban la técnica del salto de barril. En 1968, Dick Fosbury innovó cuando introdujo lo que se llamó, posteriormente, el *Fosbury Flop*, llevando su deporte a nuevas alturas. Dick Fosbury logró algo único –hizo algo que nunca había sido hecho–. Como creyentes, somos llamados a liderar, no a seguir las tendencias de otros.

Si verdaderamente creemos que Dios nos creó para que seamos únicos, debe haber algo que podemos hacer que nunca ha sido hecho de la misma forma en que nosotros podemos hacerlo. Es importante estar conscientes del proceso de innovación. Si bien la optimización es poderosa y beneficiosa, no nos va a distinguir. La optimización genera la competencia; la innovación la destruye.

La optimización se enfoca en cosas como:
- mejor tecnología
- mejor redacción

- mejor desarrollo de marca
- mejor diseño web
- mejor atención al cliente
- Etcétera, etcétera, etcétera.

La innovación desafía el propio marco en el cual se ejecutan todas estas cosas, y busca crear un nuevo paradigma.

Jesús habló acerca de esto en Lucas 7:28: "Os digo que entre los nacidos de mujeres, no hay mayor profeta que Juan el Bautista; pero el más pequeño en el reino de Dios es mayor que él".

Este versículo me fascina. Habla de dos paradigmas:

1) Los nacidos de mujeres
2) Los que están en el reino de Dios

Jesús contrasta estos dos "mundos" y nos muestra las diferencias. En el primer ejemplo, nos habla de un sistema en el cual sólo puede haber uno que es el mejor. En este ámbito, la cultura es la de la competencia. Juan ya es el mejor en esa categoría. Nadie puede tomar esa primera posición.

Imagina vivir en un ambiente como ese. Te esfuerzas y trabajas, sabiendo que nunca serás el mejor. Como mucho deberás conformarte con ser el segundo. ¡Qué desalentador!

En nuestros ministerios e iglesias, tendemos a hacer lo mismo que hicieron los discípulos. Encontramos al mejor y modelamos nuestros ministerios conforme al suyo. En la actualidad, la posición número uno, en estos términos, está ocupada por un hombre llamado Joel Osteen. Puede que hayas oído acerca de él. Vemos a Joel Osteen y convertimos a su ministerio en el modelo a seguir de nuestro ministerio. Pensamos: *Si logro que me vaya la mitad de bien de lo que le va a Joel, sería fantástico.* Esta forma de pensar es muy poco profunda. Es injusto para con nosotros y para con Dios el pensar de esta manera. Esta mentalidad crea una jerarquía y una competitividad que no agrada a Dios. Nos mantiene mediocres.

Nos enfocamos en sumar más puntos en una tabla, sin darnos cuenta de que la tabla sólo referencia cuál es nuestra posición dentro de un mundo de mediocridad. Lo mejor que nos puede ocurrir en este "sistema" es que logremos ser la mejor de las versiones mediocres de nosotros mismos que podemos ser.

Personalmente, prefiero ser parte del otro mundo que Jesús presenta: el mundo del Reino. Ese mucho es mucho, mucho mayor. En ese mundo, el más pequeño es mayor que el mejor en el otro mundo. Una empresario me dijo una vez, "Si no puedes ser el número 1 en tu categoría, debes crear una nueva categoría en la cual seas el número 1". ¡Qué palabras sabias! Me hizo pensar en las categorías que Dios tiene para nosotros.

Hazte la siguiente pregunta: ¿Cuántas categorías crees que Dios tiene para Su gente? La respuesta es tan simple, pero tan difícil de entender. Su cartera de categorías para sus hijos es infinita. No hay fin para la diversidad de planes y propósitos que Él tiene para nosotros. Todos somos creados distintos por diseño divino. Hemos recibido dones que sólo nosotros tenemos. Por lo tanto, debo desempeñar un rol en la tierra que nadie más puede cumplir. Solamente yo puedo dominar mi categoría, porque, por definición, nadie más encaja en mi categoría. ¡Soy único!

El reino de Dios ha sido creado para facilitar una diversificación extrema. En lugar de haber una jerarquía vertical, está organizada horizontalmente. Este modelo requiere una manera de pensar distinta. Cuando llegamos a ser quienes debemos ser, a Su imagen, automáticamente derrotamos a los vencedores en el mundo inferior carnal. ¿No es fabuloso? ¡Para mí lo es!

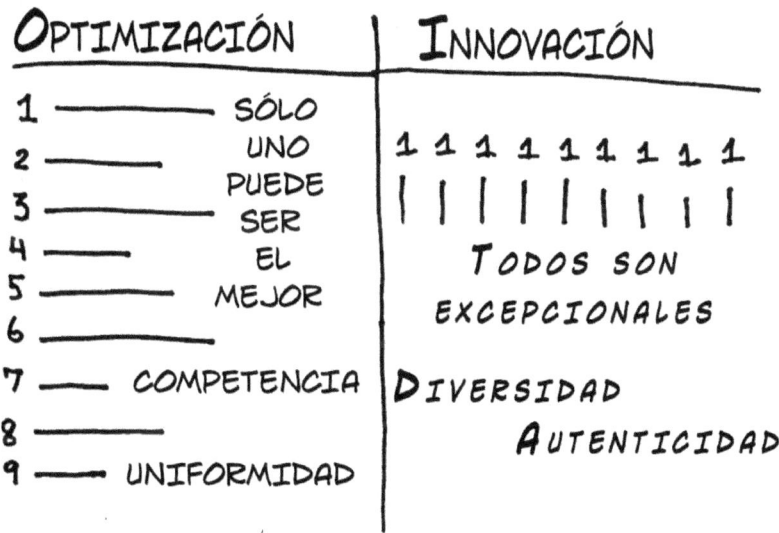

Es verdaderamente simple. Sin embargo, tenemos la tendencia a modelar nuestras vidas según las plantillas que tomamos de "el mejor". Siempre que tratemos de modelar nuestras vidas siguiendo a otros, estaremos errando al blanco.

Entonces, teniendo en mente la innovación, quisiera comenzar a analizar en detalle cada una de las siete fases del proceso, comenzando en el próximo capítulo. En la primera fase del proceso, hablaremos acerca de identificar el mensaje que estamos llevando al mercado.

Pero la innovación no está limitada a la fase uno. Es algo que debemos aplicar en todas las fases. Para el desarrollo de cada fase, debemos hacernos preguntas como:

- ¿Cómo puedo hacer esto de una manera distinta?
- ¿Cómo puedo hacer esto de una mejor manera?
- ¿Hay alguna forma más eficiente de hacer esto?
- ¿Cómo puedo hacer esto de una forma que me represente mejor?

Puedo mostrarte numerosos casos de estudio de campañas de marketing únicas que son el resultado de hacer estas preguntas. Lo mejor que puedes hacer es desafiar lo obvio. Esto no significa que lo obvio siempre deba ser cambiado; pero sí que tienes que considerar la posibilidad. No hagas siempre, por defecto, las cosas de la forma en que otros las han hecho. Hazte preguntas que te fuercen a innovar, ¡añade este giro único a tu proceso!

CAPÍTULO 8

IDENTIFICA

Todo comienza por identificar tu mensaje. ¿Cuál es la propuesta de valor única que Dios te ha dado? ¿Qué valor añade, tu llamado, a quienes te rodean? La parte más importante, y más difícil, del proceso es saber quién eres en Cristo. El comienzo es la identidad y el propósito.

Puede sonar sencillo pero muchas de las personas con las que he trabajado tienen dificultad para responder a estas preguntas. "Influencers" de alto nivel tienen dificultad para identificar qué es lo que ofrecen. Por supuesto que la mayoría es capaz de dar una respuesta genérica, pero esta pregunta requiere una respuesta precisa. ¿Qué es lo que te diferencia de todos los demás?

JESÚS CONOCÍA SU IDENTIDAD

Jesús sabía quién era. Sabía el valor específico que Él aportaba a su audiencia. Lo vemos en el pasaje en Lucas 4:16-19:

Vino a Nazaret, donde se había criado; y en el día de reposo entró en la sinagoga, conforme a su costumbre, y se levantó a leer.

"Y se le dio el libro del profeta Isaías; y habiendo abierto el libro, halló el lugar donde estaba escrito:

El Espíritu del Señor está sobre mí,

Por cuanto me ha ungido para dar buenas nuevas a los pobres;

Me ha enviado a sanar a los quebrantados de corazón;

> *A pregonar libertad a los cautivos,*
> *Y vista a los ciegos;*
> *A poner en libertad a los oprimidos;*
> *A predicar el año agradable del Señor".*

¿No es maravilloso? Jesús no vino con un mensaje genérico apto para todo público. Él sabía quién era y hablaba con confianza acerca de lo que tenía para ofrecer a gente en situaciones específicas. Su mensaje no era abstracto. Era práctico y claro, adaptado a su público objetivo.

- Jesús sabía que él era el unjido y escogido de Dios y había sido otorgado un don especial. Él confiadamente proclamaba su identidad.
- Él entendía su mensaje y el valor que añadía a medida que brindaba las buenas nuevas, sanidad, libertad y vista.
- Él sabía bien quién era su audiencia: aquellos quienes más serían beneficiados por el valor que el brindaba. Él sabía que eran los pobres, los quebrantados de corazón, los cautivos, los ciegos y los oprimidos.

El mensaje de Jesús era claro. Una parte de su público estaba compuesta por los ciegos. ¿Cuál era su propuesta de valor? ¡Ya no tienes que seguir siendo ciego! Otro grupo demográfico eran los pobres. ¿Cuál fue su propuesta de valor? ¡Ya no tienes por qué ser pobre! Jesús era específico en cuanto a quién era, a quiénes deseaba alcanzar y cómo les iba a ayudar a resolver sus problemas.

¿Cuál es tu mensaje único? ¿Cuál es tu don único? ¿Qué valor tienes para ofrecer? ¿Quiénes se beneficiarán más con tu mensaje? ¿A quiénes has sido enviado?

Jesús sabía responder esas preguntas. ¿Lo sabes tú?

LA MULTIFORME SABIDURÍA DE DIOS

La clave es saber quién eres y articularlo de tal manera que ayude a las personas a quienes estás llamado a alcanzar. Dios escogió dar a cada persona una medida de Su valor para que lo administre. La estrategia de distribución de Dios es utilizarnos a nosotros, Su cuerpo.

La Biblia nos enseña lo siguiente en Efesios 3:8-11:

> *A mí, que soy menos que el más pequeño de todos los santos, me fue dada esta gracia de anunciar entre los gentiles el evangelio de las inescrutables riquezas de Cristo, y de aclarar a todos cuál sea la dispensación del misterio escondido*

desde los siglos en Dios, que creó todas las cosas; para que la multiforme sabiduría de Dios sea ahora dada a conocer por medio de la iglesia a los principados y potestades en los lugares celestiales, conforme al propósito eterno que hizo en Cristo Jesús nuestro Señor.

Este pasaje no habla de una sabiduría en "singular"; sino de una sabiduría "multiforme". Hay tantas caras de la expresión creativa de Dios que es imposible que un solo humano las represente. De hecho, colectivamente, como humanidad, ni siquiera somos capaces de definir los límites de la expresión creativa de Dios: Él hace más de lo que podemos pensar o imaginar.

En nuestra manera de pensar limitada, tendemos a crear plantillas para los ministerios que permiten a Dios obrar dentro de un conjunto limitado de reglas que le imponemos. Esos parámetros que hemos definido representan una mínima porción del espectro potencial de las posibilidades de Dios.

Sin embargo, cuando vemos nuestras iglesias, ministerios, proyectos y eventos, todos se parecen. ¿Por qué será? Me gusta pensar que Dios es más creativo que lo que vemos actualmente en las iglesias. El problema es que tendemos a caer en el engaño que nos impide ver la realidad de la multiforme sabiduría de Dios. No logramos ver nuestra propuesta de valor única. Nos copiamos los unos a los otros en lugar de tratar de entender quién quiere Dios que seamos individualmente. El diablo te hará creer que la uniformidad es una virtud, pero no lo es. Puede aparentar ser algo que viene de parte de Dios, pero niega el poder de Dios.

Descubrí esta verdad hace varios años cuando enseñaba en un Instituto Bíblico en Aruba, una pequeña isla en el Caribe, como a 40 millas de la costa de Venezuela. Enseñé allí durante cinco días. Durante esa semana, la iglesia organizó una Marcha por Jesús por las principales calles de la isla. Aruba es pequeña y tiene alrededor de 110.000 personas, y la mayoría vive en una sola ciudad. La isla mide 7 millas de largo y entre 3 y 4 millas de ancho. Las iglesias habían decidido que sería una gran muestra de unidad marchar por la ciudad con pancartas y cantando canciones que hablaban de Jesús.

Recuerdo estar parado al costado de la calle viendo a cientos de personas marchando por las calles. Llevaban camisetas rojas, cantaban las mismas canciones, caminaban al mismo ritmo y sonreían de la misma manera. Imagino que su objetivo era mostrar el amor de Jesús con esta actividad, esperando que esto atrajera a otros a través de esta muestra de "alegría y gozo".

No tengo ninguna duda de que esta gente marchaba con un corazón puro y con la motivación correcta. Realmente lo creo. Sin embargo, sentía que algo estaba mal al ver las multitudes marchar. Parecía algo *forzado*. Falso. Le faltaba autenticidad. Su conducta de caminar, cantar y sonreír de una cierta forma parecía tener el efecto contrario al que se quería lograr.

Un transeúnte que pasara por allí no se sentiría atraído por su conducta. De hecho, a la gente que pasaba se la veía incómoda y trataba de evitar mirar a quienes marchaban por temor a que les quisieran dar uno de los globos que llevaban. De repente, lo entendí. ¡Dios no busca la uniformidad! Él busca *diversidad*. La forma en que Él valora a la humanidad se manifiesta en el valor único que Éll deposita en cada uno de nosotros. Él desea una expresión única de su multiforme sabiduría a través de cada individuo. En lugar de tratar de querer que todos hagamos lo mismo, ¡Él desea que cada uno comience a hacer algo distinto!

Esto me abrió la mente. Por mucho tiempo me habían enseñado que la verdadera unidad se lograba con la uniformidad. En ese momento, comencé a notar la diferencia entre estos dos conceptos. Me dí cuenta que la verdad era totalmente lo opuesto. La verdadera unidad no se logra mediante la uniformidad, sino a través de la diversidad. La diversidad sólo se manifiesta si cada uno de nosotros encuentra su propio carril.

Así que te pregunto otra vez...

¿Cuál es tu don?

¿Cuál es tu mensaje?

¿Cuál es tu propuesta de valor única?

¿Cuál es tu carril?

¿Quién has sido llamado a ser?

¿A quién has sido llamado?

Joel 2:7-11 dice lo siguiente:

Como valientes correrán,

como hombres de guerra subirán el muro;

cada cual marchará por su camino,

y no torcerá su rumbo.

Ninguno estrechará a su compañero,

cada uno irá por su carrera;

y aun cayendo sobre la espada no se herirán.

*Irán por la ciudad,
correrán por el muro,
subirán por las casas,
entrarán por las ventanas a manera de ladrones.
Delante de él temblará la tierra,
se estremecerán los cielos;
el sol y la luna se oscurecerán,
y las estrellas retraerán su resplandor.
Y Jehová dará su orden delante de su ejército;
porque muy grande es su campamento;
fuerte es el que ejecuta su orden;
porque grande es el día de Jehová, y muy terrible;
¿quién podrá soportarlo?*

Este pasaje describe cómo se supone que sea el ejército de Dios. Ninguna persona en este ejército rompe filas. Nadie empuja a nadie. Cada uno va por su propio carril, cumpliendo su propia tarea, sin competir. Y al hacer esto, funcionan como uno. Unidad es el resultado de que cada individuo encuentra su propio lugar en el ejército. No hay rangos iguales. No hay dos posiciones idénticas. Está diseñado de forma tal que cada individuo marche. Mientras marchamos de esa forma única, nos volvemos uno.

Esta etapa tiene que ver con dar a luz aquello para lo cual Dios te creó.

No es algo que se suela promocionar en nuestros ministerios e iglesias. En general, operamos en odres, estructuras y modelos de liderazgo que no facilitan el tipo de ambiente donde esta identificación puede ocurrir.

LOS TRES NIVELES DE REVELACIÓN

Hay una historia interesante en la Biblia, en la cual Pedro tiene una conversación con Jesús. La encontramos en Mateo 16. Leámosla:

Viniendo Jesús a la región de Cesarea de Filipo, preguntó a sus discípulos, diciendo: "¿Quién dicen los hombres que es el Hijo del Hombre?" Ellos dijeron: "Unos, Juan el Bautista; otros, Elías; y otros, Jeremías, o alguno de los profetas". Él les dijo: "Y vosotros, ¿quién decís que soy yo?" Respondiendo Simón Pedro, dijo: "Tú eres el Cristo, el Hijo del Dios viviente". Entonces le respondió Jesús: "Bienaventurado eres, Simón, hijo de Jonás, porque no te lo reveló carne ni sangre, sino mi Padre que está en los cielos. Y yo también te digo, que tú eres Pedro, y sobre esta roca edificaré mi iglesia; y las puertas del Hades no prevalecerán contra ella". (Mateo 16:13-18)

He escuchado esta historia muchas veces, y siempre pensé que era muy buena. Sin embargo, luego de haberla escuchado tantas veces comencé a aburrirme de ella. ¿Cuántas veces puedes escuchar el mismo sermón sin aburrirte?

Mi aburrimiento desapareció cuando recibí una revelación que nunca había tenido a partir de esta porción de la escritura. Revolucionó para siempre la forma en que veo las cosas. Quiero parafrasear un poco la historia para analizarla juntos. Un día Jesús estaba sentado con Pedro. Estaban conversando y Jesús le preguntó:

"Oye Pedro, cuéntame, ¿Qué se anda diciendo en la calle?"

Pedro contestó: "¿A qué te refieres, Señor?"

Jesús: "Bueno, ¿quién dice la gente que soy? ¿Qué historias se están contando acerca de quién soy yo? ¿Qué se cuenta?"

Pedro: "Bueno, en realidad hay varias historias acerca de ti, Señor. Algunos dicen que eres Juan el Bautista que volvió de la muerte. Otros dicen que eres Elías o alguno de los profetas. Hay muchas historias de distintas personas expresando distintas opiniones".

La pregunta de Jesús y la respuesta de Pedro representan lo que yo llamo una comprensión de primer nivel (o revelación), que todos tenemos en algún punto de nuestra relación con Cristo. No hay nada malo en ello. De hecho, hay una etapa en tu caminar de fe en que básicamente crees lo que otros te cuentan de Jesús. Cuando te conviertes, simplemente crees lo que el pastor te dice acerca de quién es Jesús. No hay nada de malo con eso —es la forma en que todos comenzamos–. Pero es un problema cuando nos estancamos en ese nivel. Hay un nivel mayor de revelación al cual todos debemos llegar en algún momento de nuestro caminar con el Señor. Veamos esta revelación de segundo nivel.

Jesús: "Bueno, Pedro, ahora que sabes lo que otra gente dice de mí, te hago otra pregunta: ¿Quién dices tú que soy?"

La pregunta se volvió personal. Ya no importaba lo que otros le habían dicho a Pedro. Ahora dependía de él alcanzar un nuevo nivel de entendimiento para poder responder la pregunta por sí mismo.

Pedro contestó: "Tú, Señor, eres el Cristo, el hijo del Dios viviente".

Jesús: "¡Muy bien, Pedro! Me has impresionado. Esta no es información que escuchaste por ahí. Esto no es algo que alguien te haya contado. Esto es pura revelación del Padre. Él mismo te lo debe haber revelado, porque no es información de público conocimiento!

Recuerda que cuando Pedro contestó esta pregunta, no era de público conocimiento que Jesús era el Hijo de Dios. Nadie sabía realmente quién era Jesús en ese momento. La información que Pedró compartió fue resultado de una experiencia sobrenatural con el Padre. ¡Pedro había recibido una revelación de parte de Dios mismo, de que Jesús era el Cristo, el Hijo del Dios viviente! Él no lo leyó en la Biblia como lo hacemos nosotros, porque no existía la Biblia como la conocemos nosotros hoy. Impresionante, ¿verdad? Pedro escuchó de Dios mismo, quién era realmente Jesús. Este era otro nivel de revelación, mucho mayor a lo que se escuchaba en la calle. Era algo sobrenatural. Era personal. Marcó un antes y un después para Pedro.

Cuando Cristo nos es revelado a nivel personal, esa revelación se vuelve más real que cualquier circunstancia o realidad que nos rodee. Cuando esto ocurre es cuando verdaderamente comienza tu caminar con Dios.

Eso es exactamente lo que ocurre. Comienzas tu caminar con Dios. Este nivel no puede ser nuestro objetivo final. Es meramente el comienzo que nos coloca en el camino hacia un tercer nivel de revelación... un nivel sobre el cual nadie parece hablar.

Verás, la mayor parte de la cultura de la iglesia está preparada para llevar a la gente al segundo nivel de revelación. Como líderes, solemos ponernos como objetivo ayudar a que la gente llegue a tener una revelación sobrenatural de Jesús. Hemos llegado a creer que, una vez que la gente alcanza este nivel, ya han logrado el objetivo. Pero eso no es cierto. ¡Para nada! En realidad es sólo el comienzo.

Honestamente, considero que, al haber hecho de esta revelación de segundo nivel nuestro objetivo principal, hemos distraído a la iglesia de lo que debe hacer para ser verdaderamente victoriosa. ¿Por qué? Porque en este nivel todos somos iguales. Aunque este segundo nivel de revelación es necesario, se convierte en tierra fértil para la uniformidad de quienes permanezcan mucho tiempo en este nivel.

La conversación que Jesús tuvo con Pedro cambió el foco de Jesús hacia Pedro. Los primeros dos niveles de revelación tenían que ver con Jesús; sin embargo, había un tercer nivel que Jesús quería que Pedro comprendiera y que no tenía nada que ver con Jesús. Tenía que ver con Pedro.

Cuando Pedro estuvo listo para recibirlo, Jesús se volvió a él y le dijo: " Pedro, ahora que sabes lo que otros están diciendo de mí, y ahora que tú sabes, por revelación, quién soy yo, es tiempo de que entiendas una cosa más. ¡Permíteme decirte quién eres *tú*! ¡Tú eres Pedro y sobre esta roca edificaré Mi iglesia, y las puertas del Hades no prevalecerán contra ella!

Impresionante. Piensa en esto un momento. Por primera vez en su vida, Pedro tuvo una revelación de quién debía ser él, a partir del momento en que Jesús lo marcó con palabras de destino y propósito. Jesús declaró aquello que hacía que Pedro fuera único. Lo llamó Pedro (Roca), y con esas palabras, soltó una revelación del destino profético que había sobre Pedro.

Este tercer nivel de revelación es el que todos debemos tener. Es este nivel de entendimiento el que nos hará diversos y únicos. Debemos oír las mismas palabras que Jesús oyó ese día. La única diferencia con el tercer nivel de revelación es que las palabras son específicas para cada uno de nosotros.

Necesitamos llegar a ese momento donde Jesús voltee y nos diga: "Ahora que sabes lo que la gente dice de mí, y ahora que tú sabes quién soy, déjame decirte quién eres *tú*".

Esta revelación sobrenatural nos impulsará a nuestro destino profético único. De hecho, es este nivel de entendimiento el que se vuelve el fundamento de la iglesia, contra la cual las puertas del Hades no prevalecerán.

Si realmente queremos derrotar las puertas del infierno, debemos alcanzar este nivel de revelación. Aquí es donde está la acción. Es en este nivel donde se gana la batalla. Es en este lugar donde cada uno encuentra su carril, su posición y su rango en el ejército de Dios. El poder está en la diversidad.

Debes saber quién eres. Identifica el mensaje que Dios te ha dado. Ten confianza y demuestra tu valor único articulando de manera concisa tu mensaje. Conoce tu audiencia objetivo, y qué es lo que tienes para ofrecerle que les ayudará con sus problemas específicos.

Una vez que hayas respondido estas preguntas, estarás listo para la fase dos. En el próximo capítulo, te ayudaré a hacer que tu mensaje esté disponible para tu audiencia objetivo.

CAPÍTULO 9

ENVASE

Debemos comenzar teniendo en mente el final. Debemos definir qué es lo que terminaremos vendiendo para tener algo en qué enfocarnos en el proceso. Podemos lograrlo tomando la información que tenemos y envasándola en una cartera de productos.

Mientras el mensaje esté sólo en tu cabeza, serás el único que lo consuma. De alguna manera, debes lograr que esté disponible para otras personas. Llamamos a este proceso *packaging* o envasado.

Ya hemos aprendido que todos hemos recibido un talento –un don– un mensaje: algo que Dios te dio para bendecir a otros. Como *influencer*, tienes información que puede servir a otros para triunfar en áreas específicas de sus vidas.

En mi propia vida, he notado que no sé lo que sé hasta que alguien me hace una pregunta. ¿Te ha pasado alguna vez? Alguien te hace una pregunta y, de repente, ¡te das cuenta de que tienes la respuesta! Estoy convencido de que todos tienen información que puede ayudar a responder las preguntas de otros. Es cuestión de identificar ese conocimiento y ponerlo a disposición del consumidor.

Mucho de lo que sabemos permanece dormido dentro nuestro, esperando ser extraído. La información es poderosa: tiene la capacidad de responder grandes interrogantes; resolver problemas, educar, ahorrarnos años de dificultades. Sin embargo, es intangible a menos que lo vuelvas tangible.

La mayoría de los "influencers" cristianos sólo piensan en dos dimensiones en lo que respecta a su mensaje. Sólo saben envasarlo de dos maneras:

1) Lo predican
2) Escriben un libro sobre el tema

Eso es todo. Hasta ahí llegó su creatividad. Si no eres un escritor, estás en problemas: sólo te queda la posibilidad de predicar. Estos formatos no son ideales. No me malinterpretes –sirven a un propósito–. Tú mismo estás leyendo un libro en este momento –obviamente, considero que los libros juegan un rol importante en lo que se refiere a envasar la información–. El tema es que los libros y los sermones son vehículos limitados. No siempre son la opción más efectiva para asegurarte de que tu mensaje alcance su máximo potencial.

La mayoría de los libros, por ejemplo, nunca son leídos de tapa a tapa. La gente compra libros como adornos. Se ven bien en las estanterías. ¿Cómo lo sé? Ve a echar un vistazo a la biblioteca que tienes en tu casa. Dime cuántos de esos libros has leído de tapa a tapa.

...Exacto.

Excepto por un puñado de las personas que lean este libro, la mayoría tiene muchos libros que no han sido leídos por completo.

Del mismo modo, los sermones, en general, sólo son consumidos en la iglesia. Seguro, los puedes subir a YouTube, o distribuirlos como podcasts. Pero en general uno viene a la iglesia a escuchar un sermón. Tu mensaje tiene mucho más potencial que sólo alcanzar a aquellos que se acercan un domingo a la mañana. Limitar tu "envase" a los sermones, limitará tu capacidad de alcanzar gente.

Desde un punto de vista económico, es aún peor. Los sermones, por supuesto, son gratuitos (como debe ser). Los libros rara vez se venden por mas de $20, más allá de lo transformador que sea el contenido. Es bastante loco cuando lo piensas con detenimiento.

He llegado a la conclusión de que muchos "influencers" cristianos están en la quiebra porque no han envasado su información de una manera innovadora y estratégica. Si logramos hacer que nuestra información esté disponible en diferentes formatos, no sólo podremos alcanzar a más gente, sino que también podremos monetizar nuestra información de manera exponencial.

Verás, la información viaja de distintos modos:
- La gente lee
- La gente oye
- La gente ve

- La gente asiste
- La gente participa

Todo estos son vehículos que te permiten envasar la información. ¿Por qué limitarnos a sólo dos formatos específicos?

Supongamos que tú eres un *coach* de liderazgo. Estás escribiendo un libro de 10 capítulos sobre liderazgo. Cada capítulo explica en detalle un principio importante que todo líder debería saber para que su organización crezca. Como dijimos, este libro no se venderá por más de $20. No es mucho dinero, comparado con el esfuerzo que toma publicar un libro.

Ahora bien, yo conozco una editorial que ayuda a muchos autores a publicar libros y sacarlos al mercado. Dependiendo del tamaño del proyecto, publicar un libro puede ser costoso. Toma mucho tiempo. No es que decides escribir un libro y lo tienes listo en la semana. Toma tiempo y dinero.

Escribir un buen guión, en general, toma meses. Después de eso, lo editas. Probablemente quieras hacer otra leída de revisión. Luego debe ir a un diseñador que hace la presentación del interior del libro. Luego necesitas un diseño de portada, si quieres que el libro se destaque y no parezca una publicación poco profesional. Luego necesitas inventariar e invertir en tener un determinado stock. En la actualidad, con la impresión digital, puedes imprimir libros casi a demanda, lo cual te permite minimizar el stock. Aún así, deberás invertir en stock incluso antes de vender el primer libro.

Finalmente, cuando estás listo para vender el libro, puedes hacerlo por, a lo sumo $20. Tomará un tiempo recuperar tu inversión. No hace falta decirlo, pero requiere esfuerzo lograr recuperar el dinero con ventas. Así que de nuevo, desde el punto de vista financiero, el libro no es el formato ideal para empacar tu mensaje.

UNA NUEVA ESTRATEGIA DE *PACKAGING*

Ahora toma ese mismo libro de 10 capítulos y conviértelo en un curso en línea de 10 sesiones, donde brindas entrenamiento grupal a líderes. Ofreces el curso como una "experiencia de entrenamiento de diez semanas", que se da a través de una videoconferencia. Cada semana enseñas sobre un capítulo de tu libro y generas un espacio de preguntas y respuestas. Creas un programa donde se detalla el contenido del curso, listas preguntas para cada sesión, y elaboras material didáctico para el participante. Al finalizar las diez semanas, emites un certificado a quienes completen el curso.

De repente, el mismo contenido ha subido exponencialmente su valor. Dependiendo de tu experiencia, podrías llegar a cobrar cientos de dólares (y, tal vez, hasta miles) por la misma información.

¿Y sabes qué es lo mejor? Crear un curso de diez semanas como el que te comento, toma mucho menos esfuerzo, tiempo y dinero que publicar un libro. Simplemente debo hacer un bosquejo inicial de mi curso y ya puedo comenzar a venderlo. Siempre y cuando esté listo para dar la primera sesión, puedo comenzar.

Recuerdo haber trabajado con un socio en un proyecto similar hace varios años. Yo había trabajado en un nicho específico en el ministerio por varios años y había desarrollado mucha influencia en ese nicho. Incluso había desarrollado una amistad con uno de mis clientes que era un experto en ese mercado. El problema era que nadie sabía quién era yo.

Debo decir que la gente siempre me decía que no había mucho dinero en ese nicho. Lo cierto es que muchas iglesias no lo consideran como una prioridad en lo que a presupuesto se refiere. Sin embargo, estaba convencido que podríamos agregar un tremendo valor a los líderes de las iglesias.

Recuerdo cuando le presenté el proyecto a mi amigo. Le dije que debíamos crear una academia para los líderes del ministerio en este nicho, que fuera flexible en términos de horarios, accesible en términos económicos, y 100% en línea. Yo había observado que había pocos recursos de entrenamiento de calidad en esta comunidad. La única opción disponible era un seminario muy costoso (viable para unos pocos); por lo demás, no había otra opción.

Yo expliqué que, si creábamos una academia en línea con doce módulos básicos, y contratábamos profesores de alto nivel que pudieran impartir su sabiduría y perspectiva, estaríamos creando algo que la gente quiere desesperadamente.

Mi amigo me dio doce temas para los módulos y doce profesores potenciales. Los profesores son expertos que él identificó de su propia red que desarrolló durante años. Hicimos un bosquejo de cómo podía ser el programa y decidimos cobrar la matrícula anual $1599.

Construimos un sitio web, como si el programa ya existiera. Desarrollamos una estrategia de marketing avanzada para llevar el producto al mercado. Invertimos $1500 en un sitio web y trabajamos algo en la campaña. Todo este emprendimiento era algo inusual, pero yo sabía que si podíamos conseguir que

50 estudiantes ingresaron a este nuevo programa, podríamos construir la academia. (Si alguna vez puedes tomar un curso de entrenamiento avanzado que brindo, allí analizo estrategias de marketing como éstas en mayor detalle). En sólo *cinco días* teníamos 50 estudiantes. Dentro de los primeros 40 días, teníamos 400 estudiantes. Obtuvimos más de $500.000 en ingreso en esos cuarenta días a partir de una idea que nos permitió vender el contenido de otra gente.

¿Puedes creerlo? Ese es el poder del envasado.

Lo único que teníamos era:
- Una idea para un programa de entrenamiento
- Un sitio web que comunicaba esa idea
- Una campaña de marketing para vender la idea
- El compromiso de algunos profesores de brindar contenido centrado en nuestras ideas.

Al día de hoy, más de 1500 líderes ministeriales se han graduado de nuestra academia, que se ha vuelto un programa de mucho millones de dólares. Ha tenido proyectos satélite, y ha producido la mayor conferencia de este tipo en el país. Esta conferencia fue simplemente otra forma de envasar la información, específicamente para líderes en este nicho único.

No se trata de tu libro; se trata de tu mensaje. Tu libro es sólo uno de los tantos formatos posibles que puedes desarrollar para compartir ese mensaje.

LA ESCALERA DE VALOR ASCENDENTE

Cuando empaquetas tu información, debes crear una escalera de valor ascendente. ¿Qué es una escalera de valor ascendente? Buena pregunta. Permíteme explicarte.

La mayoría de los libros son publicados de forma aislada. Si el único producto que tienes para vender es un libro, no te puedes permitir no ganar dinero con él, ¿verdad? Si el libro es todo lo que tienes, el libro es tu única oportunidad. No te puedes dar el lujo de regalarlo y venderlo a precio muy descontado. Si lo hicieras, acabarías perdiendo dinero.

Esto significa que no hay "pasos siguientes" en el proceso de venta. La gente se ve atraída por tu libro y te da $20, pero ahí termina todo. Luego, lo único que puedes hacer es escribir otro libro, volver a la misma audiencia y (a lo sumo) lograr obtener otros $20 dentro de dos años, que es cuando terminarás publicando el segundo libro. No es muy efectivo.

Lo que debes hacer es crear una escalera de valor –esencialmente una cartera de productos que te permite hacer que tus clientes vayan subiendo sistemáticamente por la escalera en un orden lógico y natural–. La atracción de tu audiencia con tu producto en el nivel más bajo de la escalera, lo llevará a interesarse en el próximo nivel de compromiso financiero.

Toda escalera de producto debiera comenzar con algo GRATUITO. Este es tu imán de contactos. Luego, avanza hacia algo barato; luego, algo accesible; luego, algo más caro. Finalmente, la escalera culmina con una oferta de algo exclusivo.

¿Sabes quién entiende muy bien este modelo de la escalera? ¡Tu dentista! Exactamente. Tu dentista es un experto en crear una escalera de valor ascendente. ¿Recuerdas ese correo que te llegó donde te ofrecían una "Limpieza gratuita"? Pensaste que era un necio por ofrecértelo, así que probablemente aprovechaste y tomaste la cita. Luego de cinco minutos sentado en su silla, el dentista te preguntó si fumas. Claramente, no eres fumador, pero te avergüenzan tus dientes amarillentos. Tu dentista te convence de tomar un plan de blanqueamiento dental que cuesta $800.

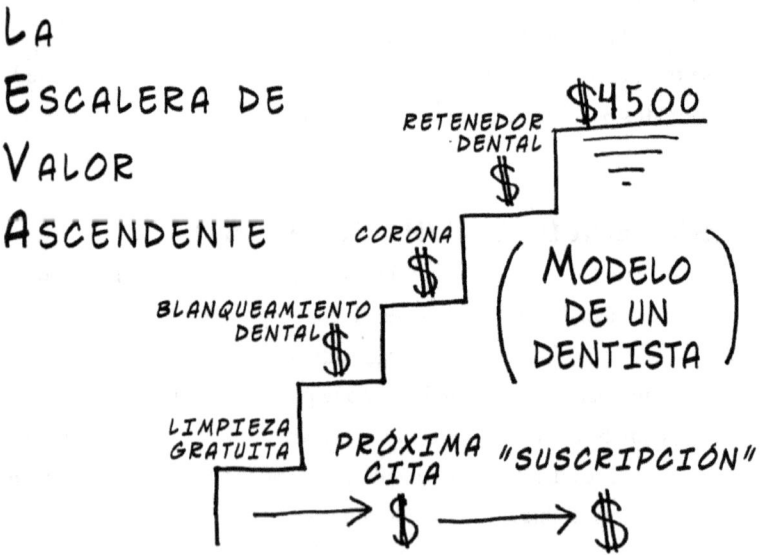

A continuación, el dentista te indica que tienes algún problema en el molar. Necesitas una corona o, en algún momento, perderás el diente. ¡Por supuesto que no dejarás que eso ocurra! A regañadientes, terminas accediendo al tratamiento de $1500 que recomienda. Para ayudar a que puedas realizar todo lo que te ofreció, te ofrece un plan de pago que te aliviará el compromiso financiero que estás asumiendo con los tratamientos.

En la actualidad, tal vez hasta te logre convencer de utilizar aparatos dentales para enderezar los dientes que tienes torcidos. Siempre han estado así, pero de algún modo te convencerá de que ya es hora de que los arregles de una vez.

Creo que ya entiendes la idea. Al poco tiempo, sales del consultorio con una factura de $4000. ¡Sólo habías ido a aprovechar algo que era gratuito! Cuando estás saliendo del edificio, la recepcionista te detiene para que fijes la fecha de la próxima cita dentro de seis meses, lo cual te sientes obligado a hacer, como cualquier persona responsable haría.

¡Felicitaciones! Ya eres parte del programa comunitario del dentista. ¡Cada seis meses te venderá los mismos productos una y otra vez!

Tenemos que ser como ese dentista. Necesitamos una escalera como aquella. Si logramos crearla exitosamente, no deberemos preocuparnos por el hecho de estar ofreciendo algunas cosas de manera gratuita, porque redundará en una ganancia, no en una pérdida. Parece contraintuitivo, pero te prometo que funciona. Tener una escalera hace que mi libro no sea un producto aislado. Ahora, la gente que reclama mi libro gratuito se convierte en candidatos ideales para vender algo a un precio mayor (recuérdalo, si no lo puedes regalar, entonces tampoco lo podrás vender).

Siempre y cuando logre que una cantidad suficiente de personas dé el próximo paso en términos de compromiso financiero, no hay límite para cuántos productos puedo regalar. Mientras más regalo, más gano. Es algo realmente hermoso.

¿Cómo podemos desarrollar una escalera que llevará a la gente a moverse de consumir productos gratuitos a niveles de mayor compromiso financiero?

Es muy simple. Al llevar tu precio a cero, estás maximizando la demanda de lo que ofreces. Cuando creas una escalera ascendente de valor, básicamente has creado una máquina que genera renta.

EL MODELO ROTO DE LAS EDITORIALES

Trabajo con muchas editoriales. Muchas han contratado mis servicios para ayudarles a lanzar los libros de sus autores. El mundo de las editoriales no ha cambiado mucho en los últimos 100 años. No me malinterpretes: la era digital ha impactado fuertemente la forma en que leemos libros; y publicar libros se ha vuelto cada vez más fácil, sobretodo en los últimos veinte años. A lo que me refiero es a que el modelo de la forma en que se publican los libros no ha cambiado. Las editoriales (y la mayoría de los autores) enfocan su estrategia solamente en el libro, en lugar de hacerlo en el mensaje. No hay ninguna escalera. Sólo está el libro. El principal objetivo es vender tantas unidades como sea posible al máximo precio posible.

Dado que no pueden avanzar más allá del libro, no pueden darse el lujo de ofrecer descuentos; mucho menos regalarlo. Como consecuencia, se hace muy difícil para las editoriales ganar dinero. La mayoría de las editoriales "tradicionales" se enfocan en la primera semana desde el lanzamiento del libro. Tratan de vender tantos libros como sea posible. Esos números (si son registrados por alguna agencia) serán contados para los rankings que determinarán quién termina formando parte del listado de *Best Sellers* del *New York Times*.

Mi punto es que la mayoría de las editoriales se enfoca en vender grandes volúmenes durante la primera semana, y manipular el sistema de recuento para alcanzar posiciones en el ranking que, en realidad, no significan mucho. Hacen todo lo posible y gastan dinero para maximizar las ventas temprano en el proceso de lanzamiento.

No sé tú, pero yo preferiría vender 50.000 libros en un período de tiempo más largo, que vender 15 000 la primera semana y prácticamente nada después.

Una estrategia de venta en etapas tempranas es ofrecer un contenido adicional a los lectores que pre-ordenen el libro antes del lanzamiento. Las editoriales ofrecen el libro a un precio regular de pre-venta pero proveen un mecanismo para reclamar recursos adicionales de manera gratuita después de la compra del libro.

El problema es el funcionamiento del libre mercado: oferta y demanda. Cuando vendes tu libro a un precio estándar, incluso si ofreces material adicional, sigues sin maximizar tu demanda. ¿Cómo maximizar la demanda? Bajando el precio, preferiblemente a cero. Verás, hay más gente interesada en algo gratuito que en algo que está a precio normal. Suena lógico, ¿verdad?

Por supuesto que si no tienes otros productos para vender, no puedes darte el lujo de regalar tu libro. Necesitas tener una escalera montada para compensarte por los $10 que pierdes. Es por eso que hace ya bastante tiempo decidí dejar de lado el modelo de venta tradicional (ofrecer un libro al precio normal incluyendo algún contenido adicional para quienes compren anticipadamente). ¡Decidí dar vuelta el embudo! En lugar de regalar contenido adicional al producto vendido a precio normal, prefiero *regalar el producto principal, pero cobrarte lo adicional.*

Cuando regalo el libro, estoy maximizando la cantidad de gente que entra en mi embudo de ventas. Si las tasas de conversión de mi escalera de valor funcionan, no hay límite a cuántos libros puedo regalar: mientras más sean, mejor, porque mientras más libros regale, más beneficios obtengo. Entonces, sólo debo ocuparme de que la gente solicite mi libro gratuito. Mi escalera se hará cargo del resto.

¿Recuerdas el vídeo de las notificaciones en mi teléfono? Esta fue una demostración en vivo de un embudo/escalera que construí para uno de mis clientes. Regalamos 4500 libros y obtuvimos medio millón de dólares en la venta del mismo contenido en distintos formatos. ¡Construímos una escalera ascendente que funciona!

Si has estado en alguno de mis seminarios o has comprado mi entrenamiento avanzado, te muestro exactamente cómo hice para lograrlo. Es realmente simple. Cualquiera puede hacerlo. Sólo necesitas los planos y las herramientas para construir tu embudo.

CAPÍTULO 10

DISTRIBUYE TU MARCA/MENSAJE

En Romanos 10:14, el apóstol Pablo pregunta lo siguiente: "¿Cómo, pues, invocarán a aquel en el cual no han creído? ¿Y cómo creerán en aquel de quien no han oído? ¿Y cómo oirán sin haber quien les predique?".

El proceso que Pablo define en la Escritura es el proceso de venta y marketing de Dios en lo que se refiere al Evangelio. Analicémoslo por partes:

- El "objetivo de ventas" final de Dios es que los no creyentes "crean en Él".
- Para que eso ocurra, el Evangelio debe ser oído.
- Para que el Evangelio sea oído, se requiere un vehículo que haga llegar el mensaje: un predicador.

Si queremos que la gente compre nuestro mensaje, lo primero que necesitamos es que sea oído. Debemos asegurarnos de tener un vehículo que nos permita "predicar" nuestro mensaje a nuestra audiencia objetivo. Comencemos con tres preguntas:

- ¿Cuál es el valor de mi mensaje?
- ¿Quién puede beneficiarse más con él?
- ¿Dónde encuentro este tipo de gente en cantidades importantes?

Si puedo responder estas preguntas de manera efectiva, todo lo que tengo que hacer es compartir el valor de mi mensaje en lugares donde mi audiencia objetivo se congrega y tendré éxito. Tan simple como eso.

Las preguntas 1 y 2 son preguntas que espero que hayas podido responder en los capítulos anteriores. Si no, te recomiendo que regreses al capítulo 8, donde hablamos de identificar tu mensaje y contesta las preguntas que se encuentran al finalizar el capítulo.

La pregunta 3 es la más importante. ¿Dónde encuentras tu gente en grandes cantidades? Debemos identificar dónde está la atención de la gente que estamos tratando de alcanzar. Si logro demostrar el valor de mi mensaje en esos lugares, crearé una conexión, desarrollaré una audiencia y, finalmente, construiré una buena base de datos.

Las plataformas a las cuales la gente presta atención han cambiado dramáticamente en estos días. ¿Dónde pasa el tiempo la gente? ¿Dónde están interactuando? ¿Dónde consumen contenido? Las respuestas a estas preguntas solían ser la televisión, la radio, las revistas, las convenciones, etc. Antes de internet, la única forma de mostrarte delante de tu audiencia objetivo era gastando mucho dinero en publicidad. Hacer correr la voz era caro.

En la actualidad es mucho más fácil alcanzar a la gente. La atención ha cambiado. La gente no ve la TV como antes. Las publicidades en televisión están sobrevaloradas y rinden poco. Quien todavía sostiene que la TV es un medio válido para alcanzar a la gente con su marca está en una etapa de negación. Incluso los ejecutivos de las grandes agencias de publicidad llegan a su casa a la noche y deciden ver Netflix o revisar el *feed* en Instagram en lugar de ver lo que la TV ofrece.

Si quieres alcanzar gente, debes hacerlo donde ellos pasan tiempo. La buena noticia es que todos tenemos acceso a esas plataformas. ¡Y la mejor noticia es que son gratuitas!

La gente pasa una enorme cantidad de tiempo en Facebook, Instagram, YouTube, LinkedIn, Snapchat, blogs, vlogs, podcasts y otras redes sociales. Si deseamos alcanzarlos, debemos hablarles en esas mismas plataformas, y crear contenido específico para esos ecosistemas.

Una pregunta que me suelen hacer a menudo es: "¿Cómo sabes qué plataformas escoger? ¿Qué red social me conviene utilizar para hacer correr la voz sobre mi marca?" Yo solía responder a esa pregunta de otra manera, pidiéndoles que escogieran su "arma de elección" para ir a la guerra –una o dos plataformas que sienten que se adaptan a su personalidad–. Les recomendaba que pusieran todos sus huevos en esas dos canastas. Hoy, le digo a la gente que escoja todas las plataformas que su público esté utilizando. Lo más probable es que la audiencia esté pasando tiempo en todas ellas.

Que tú no te sientas cómodo con LinkedIn no quiere decir que tu audiencia no esté pasando tiempo en esa plataforma. Al no distribuir el mensaje de tu marca en LinkedIn, estás perdiendo la oportunidad de alcanzarles. Entonces, la respuesta a la pregunta acerca de qué plataformas utilizar es: ¡TODAS!

Por supuesto que tendrás que ser intencional en cuanto a cómo hacerlo. No puedes ir por todas estas redes publicando contenido aleatorio con la esperanza de que funcione. A continuación presento algunos parámetros y reglas de oro a seguir cuando distribuyes el mensaje de tu marca:

NUNCA VENDAS; SIEMPRE AÑADE VALOR

Sé que es tentador. Deseas vender tus productos. Pero la regla dorada de la construcción de una marca es primero ofrecer valor. Si deseas crear una conexión y construir una audiencia, ofrecer valor es clave. Si eres percibido como alguien que sólo quiere el dinero de la gente, ahuyentas a la gente y, en consecuencia, no interactúa contigo.

No te preocupes –en los próximos capítulos te mostraré cómo monetizar tus esfuerzos al final del camino–. Pero no puedes estar apresurado en este sentido. Debes ser paciente y confiar en el proceso.

Ofrecer valor primero es lo mejor que puedes hacer para lograr un éxito a largo plazo de tu marca. Debes crear contenido valioso y debes exponerlo en distintas redes y plataformas.

La gente no te compra para hacerte un favor. La gente compra por motivos egoístas. Si no puedes demostrar que lo que les ofreces les ayudará, la gente no te regalará su dinero.

Te contaré una historia para demostrar este punto. Mencioné, anteriormente, que soy dueño de una editorial. Te sorprendería saber cuánta gente me dice que Dios les dijo que su libro sería un éxito de ventas. Por supuesto que Dios puede hacer lo que quiera, pero lo cierto es que el 99,99% de los libros no se convierte en un éxito de ventas. He visto muchísimos autores ordenar una gran cantidad de libros porque creen que la venderán. Ordenan 5000 libros, porque entienden que Dios les dijo que se venderían.

Sin embargo, fallan en entender este principio básico: la gente compra cosas por motivos egoístas. Quieren saber qué ganan ellos antes de poner su tarjeta de crédito.

La cantidad de autores con libros apilados en su garage es asombrosa. Los primeros 50 libros se venden fácil: los compra la familia, los amigos, los vecinos, los conocidos y gente que conoce al autor. Compran el libro porque les da lástima ver las cajas en el garage.

Los otros 4950 libros, sin embargo, deben ser vendidos a extraños. Ellos no sentirán lástima por ti. Sólo comprarán tu libro si les muestras que tiene valor. Quieren un retorno de su inversión. Quieren saber cómo va a mejorar su vida por haber leído tu libro. Si puedes mostrarles eso, estás en una buena posición.

El gráfico siguiente tiene tres círculos. Estos círculos representan tres tipos de comunicación en lo que se refiere al mensaje de una marca.

1) El círculo externo representa los mensajes que la mayoría de la gente utiliza cuando se trata de esparcir un mensaje. Dicen algo como esto: *¡Hola amigo! Tengo un producto excepcional. Te cambiará la vida. A todo el mundo le gusta y ¿adivina qué? Está en oferta esta semana. Si compras uno, te regalo uno. ¡Realmente deberías comprarlo porque es muy, muy bueno!*

¿Qué tiene de malo este mensaje? ¡Todo! Simplemente estás alabando tu producto sin ninguna evidencia. Está claro que piensas que tu producto es asombroso –¡es tu producto! Mientras tanto, tu audiencia se está preguntando quién crees que eres y pensando que bajo ningún punto de vista gastarán dinero en ti porque el riesgo es muy alto–.

2) El segundo círculo es un poco mejor. Está basado en la credibilidad de un tercero. Funciona así:

¡Vaya! No puedo creer cuánto me ha ayudado este producto. Cuando compré el producto de Johnny, no pensé que fuera a funcionar, pero mírame ahora. Estoy viendo todos estos resultados específicos en mi vida por lo que Johnny logró a través de este producto. ¡Tú también deberías probar el producto de Johnny si quieres tener los mismos resultados que yo obtuve!

Por supuesto que es mucho mejor. Por lo menos ya no soy yo mismo alabando mi producto, sino que estoy utilizando la credibilidad de un tercero para que cuente una historia que me favorece. El problema es que el cliente potencial todavía debe confiar en la palabra de alguien más. No tiene la posibilidad de experimentarlo por sí mismo. Este testimonio podría bien ser de un actor o alguien que recibió dinero para decir lo que dijo. Tu audiencia no tiene forma de verificarlo.

La cantidad de comerciales que he visto, donde aparece la estrella retirada de la NBA Shaquille O´Neill es increíble. Parece que él apoya cualquier cosa que le pague el monto necesario. No sé tú, pero yo sigo siendo algo escéptico ante este tipo de mensajes.

3) El tercer círculo es bastante pequeño, pero es por lejos el mejor. Es el mensaje en el cual te deberías enfocar. Lo llamamos el "círculo del origen". Si viste la película *El Origen*, con Leonardo DiCaprio, sabrás de lo que estoy hablando.

En la película, ciertos personajes son capaces de sembrar pensamientos en el subconsciente de otros mientras duermen. Pueden ingresar en sus sueños y sembrar ideas. Cuando quienes dormían, despiertan, creen que las ideas en realidad son propias. Se crea una nueva realidad a partir de la idea sembrada en el origen.

Al utilizar este tercer círculo de mensaje de marca serás capaz de crear una situación donde la gente desarrolle un deseo subconsciente de comenzar a comprarte. Pensarán que fue su propia idea comprarte a ti, y no la tuya. ¿Cómo se logra? La respuesta es simple: *¡Nunca vendas, Siempre añade valor!*

Este es el fundamento mismo de cómo crear interacción en línea. ¡Añade valor; responde preguntas; resuelve problemas!

Si eres capaz de hacerlo sin exigir nada a cambio, la gente empezará a confiar en ti como un experto y deseará más de lo que tú tienes para ofrecer. Así que lo mejor que puedes hacer cuando distribuyes contenido en las plataformas es agregar valor.

REUTILIZA PARA CRECER

Puede que te encuentres mirando a tu lista de plataformas pensando: "¿Cómo haré para crear contenido para todas ellas? ¡Tomará mucho tiempo!" Es cierto que requerirá un esfuerzo, pero ¿qué pensarías si te dijera que lo más probable es que ya tengas el contenido? ¿Me creerías?

La mayoría de los "influencers" crean contenido; simplemente no saben reutilizarlo bien. El contenido necesita ser empacado en el formato correcto para ser compatible con la plataforma. Supongamos que estás dando una conferencia. Tu intervención dura unos cuarenta minutos y tendrás el video grabado. Ese archivo de video puede ser utilizado para crear contenido para múltiples plataformas.

Puedes subir la charla grabada a tu canal de YouTube.

Puedes utilizar sólo el audio para crear un podcast.

Puedes transcribir una parte para crear un artículo para LinkedIn o tu blog.

Puedes enviar el artículo por correo a tu base de datos.

Puedes identificar segmentos de menos de 59 segundos para crear videos cortos para Instagram.

Puedes extraer frases cortas que pueden ser utilizadas en piezas gráficas para publicarlas en Facebook, historias de Instagram, etc.

El contenido no siempre necesita ser generado. Si te fijas bien, encontrarás que hay material que ya has creado, simplemente haciendo lo que estás haciendo.

Lo que necesitas ahora es un sistema que te permita reutilizar ese contenido en las plataformas más apropiadas para tu audiencia. En parte de mi entrenamiento avanzado, explico cómo crear un sistema de este tipo. Si bien requiere esfuerzo, es mucho más simple de lo que puedes parecer.

RESPETA LA CULTURA DE LA PLATAFORMA

Cuando distribuyes tu contenido a escala, en diferentes plataformas, hay algo que tienes que entender muy bien: ¡la cultura de cada plataforma!

Pablo lo dijo muy bien en 1º Corintios 9:19-23:

Por lo cual, siendo libre de todos, me he hecho siervo de todos para ganar a mayor número. Me he hecho a los judíos como judío, para ganar a los judíos; a los que están sujetos a la ley (aunque yo no esté sujeto a la ley) como sujeto a la ley, para ganar a los que están sujetos a la ley; a los que están sin ley, como si yo estuviera sin ley (no estando yo sin ley de Dios, sino bajo la ley de Cristo), para ganar a los que están sin ley. Me he hecho débil a los débiles, para ganar a los débiles; a todos me he hecho de todo, para que de todos modos salve a algunos. Y esto hago por causa del evangelio, para hacerme copartícipe de él.

Pablo deseaba servir a todos. Para lograrlo, se volvió de todo para todos. Se adaptó según su audiencia. Lo mismo aplica para nosotros. Cada plataforma social tiene su propia cultura –su propio "lenguaje"; su propio código ético–. Debes asegurarte de respetarlo para ser compatible, relevante y bien recibido por tu audiencia objetivo. Podemos hacernos de todo para todos a fin de ganar a quienes estamos tratando de alcanzar.

DEFINE TU PLAN DE PUBLICACIÓN

Necesitas un plan de acción para tu distribución de contenido. Debes crear un cronograma para cada plataforma y respetarlo. Cada plataforma requerirá una frecuencia de publicaciones distinta. Por ejemplo, está perfecto publicar en Instagram o Facebook entre 3 y 5 veces al día. Sin embargo, no puedes publicar 5 artículos por día en tu blog . Si envío 3 correos electrónicos por día, será contraproducente.

Identifica dónde está pasando tiempo tu audiencia objetivo y define el esquema para la distribución de tu contenido. Tu plan de publicación debe contener:

- La frecuencia con la cual publicas
- Tipo de contenido que publicas
- Hora del día (o momento de la semana) en que publicas

Una vez que tienes esto, simplemente tienes que cumplir con estos lineamientos a la hora de publicar.

RESPONDE SIEMPRE

Asegúrate de ser accesible cuando la gente interactúa con el contenido que publicas. Recuerda que tú eres el experto. ¿Qué mejor manera de agregar valor que siendo accesible a tu audiencia?

Mientras más contenido distribuyas en las distintas plataformas, y mientras más valor aportes, mayor será la interacción que obtendrás de la gente, a través de comentarios, número de veces que la gente comparte tu publicación, preguntas y mensajes directos. Asegúrate de siempre responder. Al hacerlo, fortalecerás y profundizarás tu relación con tu audiencia de manera exponencial. Mientras más dedicación pongas en tus respuestas, más auténtica será tu relación con tu audiencia.

Trata de responder tantos comentarios como puedas. Si sólo pones a alguien de tu equipo a responder por ti, la gente lo notará. Está bien recibir ayuda cuando es necesario, pero haz lo posible por mantener el contacto con tu audiencia. No busques atajos en este proceso: mantente conectado.

SÉ FLEXIBLE: ADOPTA NUEVAS PLATAFORMAS

La atención cambia todo el tiempo. El hecho de que la gente pase tiempo en Instagram hoy, no quiere decir que lo seguirá haciendo mañana. Junto con la nueva tecnología y las nuevas ideas, surgen nuevas plataformas. El cambio puede ocurrir de manera muy veloz. Cuando ocurra, no temas soltar lo viejo para poder abrazar lo nuevo.

¿Recuerdas ese pequeño sitio web llamado *myspace.com*? Solía ser lo máximo. Cualquiera que estuviera en lo último, tenía su propio perfil de MySpace. Ingresa al sitio actualmente y verás que es sólo una página de entretenimiento con contenido mediocre. Pregunta a cualquier persona de menos de 25 años de edad y ¡verás que no han escuchado hablar de MySpace!

No seas leal ciegamente a ninguna plataforma. El marketing con correos electrónicos es muy distinto hoy que hace cinco años. Uber cambió el mundo del transporte casi de la noche a la mañana (¿quién sigue tomando taxis?). Algunos restaurantes existen hoy básicamente gracias a UberEats, porque han construido su negocio sobre las prestaciones de la plataforma de Uber.

Siempre debes estar atento a las nuevas plataformas que pueden llamar la atención de las multitudes. Luego, encuentra una manera de aprovechar la plataforma para conectar con tu público objetivo. Las aplicaciones móviles no serían nada sin la estructura brindada por iPhone. Gracias al iPhone, yo puedo construir una aplicación que me conecta con multitudes. Algunas aplicaciones tienen sus propias plataformas, como Facebook, Instagram, Amazon o YouTube.

¿Qué sigue? ¿Qué nuevas plataformas están surgiendo que nos pueden permitir conectar con la gente? ¿Hacia dónde está yendo la atención? Porque cuando se producen cambios, ocurren rápidamente.

¿Y qué acerca de las tecnologías de voz como Alexa, el asistente de Google y Siri? ¿Cómo aprovecharemos estas tecnologías en el futuro? Debemos permanecer atentos a la inteligencia artificial y otras tecnologías que surgen. Mientras tanto, ¡enfócate en donde está la atención ahora!

Hay varias claves para lograr muy buen resultado con la distribución de tu mensaje, pero eso escapa al contenido de este capítulo. En algunos de mis cursos más avanzados, describo con detalle el proceso, ofreciendo herramientas prácticas para construir tu propia maquinaria de construcción de marca.

Si no has hecho nada de esto anteriormente, es probable que lo veas como algo difícil y que te sobrepasa. Te prometo que no lo es. El secreto es abrazar una nueva mentalidad –implementar sistemas y estructuras que te permitan generar inercia rápidamente–.

Estamos viviendo un tiempo emocionante. La gente a la cual queremos alcanzar está a nuestro alcance sin necesidad de intermediarios. No necesitamos ningún intermediario ni debemos pagar comisiones insostenibles. El mundo está en la punta de nuestros dedos. Internet ha cambiado el juego para siempre, y, como se siguen desarrollando plataformas nuevas, esto recién está comenzando.

CAPÍTULO 11

PUBLICITA

Hay diferencias claras entre el *branding* (construcción de marca), la publicidad y el *marketing*. Muchas veces, utilizamos estas tres palabras como sinónimos, pero cada una tiene un significado distinto. A continuación, te brindaré una definición de cada una.

BRANDING: TU HISTORIA

El *branding* tiene que ver con quién eres como influencer. Es tu historia –tu mensaje. El *branding* es la definición del valor que tu aportas a tu audiencia. Esa historia deberá ser contada y demostrada. En el capítulo anterior, hemos analizado algunas estrategias básicas de distribución de marca justamente para eso.

PUBLICIDAD: CREANDO MOMENTOS

La publicidad tiene que ver con generar un momento en que tú te encuentres frente a tu público objetivo. Este momento es una oportunidad para que cuentes la historia de tu marca. Es el momento en el que conectas con una nueva audiencia para mostrarle lo que tienes para ofrecer.

MARKETING: LA CAMPAÑA

Marketing es la campaña que sigue después del momento. Puedes tener la mejor publicidad del mundo pero si no hay un proceso que le dé continuidad a la publicidad, ese momento quedará aislado y no generará ningún retorno a la inversión. La campaña que sigue después de la publicidad es un proceso diseñado para convertir un contacto en una venta. La campaña es el proceso que termina el trabajo.

Los tres componentes son fundamentales. No puedes publicitar sin tener una historia clara. No puedes contar tu historia sin crear un momento para hacerlo. No puedes concretar una venta sin una buena campaña de *marketing*. Incluso si tuvieras una excelente campaña de *marketing* necesitarías contactos que ingresen en ella para lograr las ventas (publicidad). Así que ninguno de estos procesos puede funcionar aisladamente. Son interdependientes.

Necesitamos un enfoque integral: uno que nos permita ser efectivos creando momentos, contando nuestra historia y logrando ingresar gente en el proceso que vende el producto. La publicidad sirve como punto de conversión de la atención de la audiencia en un embudo de ventas. Mientras cuentas tu historia en cada una de estas plataformas, necesitas tener un momento en que conviertas la atención que logras en gente que ingrese en este proceso. Una publicidad efectiva te permite lograr precisamente eso. Cuando creas una publicidad NUNCA debes tratar de vender algo. Debes ofrecer algún tipo de imán de contactos que te permita asimilar nuevos contactos.

La publicidad efectiva también te permitirá alcanzar audiencias nuevas que antes te eran inaccesibles y conectarte con ellas. Crea una audiencia de la nada. Tal vez seas un *influencer* pero aún no sabes cómo comenzar. No tienes base de datos; no tienes redes sociales relevantes; no tienes ninguna audiencia. Si éste eres tú, el comienzo puede parecer sobrecogedor. No te desanimes. Incluso los "influencers" más exitosos comenzaron de la nada. Algunos de los personajes más influyentes de la Biblia también comenzaron sin ninguna audiencia.

¿Recuerdas a Juan el Bautista? Él fue llamado por Dios para influenciar una nación. Su mensaje debía preparar a la gente para la venida del Mesías. Cuando comenzó, absolutamente nadie lo escuchaba. Leamos acerca de esto en el libro de Mateo:

En aquellos días vino Juan el Bautista predicando en el desierto de Judea, y diciendo: "Arrepentíos, porque el reino de los cielos se ha acercado. Pues éste es aquel de quien habló el profeta Isaías, cuando dijo:
'Voz del que clama en el desierto:
Preparad el camino del Señor,
enderezad sus sendas.'".
Y Juan estaba vestido de pelo de camello, y tenía un cinto de cuero alrededor de sus lomos; y su comida era langostas y miel silvestre. Y salía a él Jerusalén, y toda Judea, y toda la provincia de alrededor del Jordán, y eran bautizados por él en el Jordán, confesando sus pecados.
(Mateo 3:1-6)

Juan tenía un maravilloso mensaje, dado por Dios, con gran valor para el pueblo de Israel. Sin embargo, se encontraba en el desierto de Judea, donde nadie lo podía oír. No tenía un bello edificio en la zona linda de la ciudad donde la gente pudiera ir a escucharlo. No, Juan era el chico nuevo del barrio. Claro, la gente conocía a su padre, que era un ministro reconocido en la ciudad; pero el mensaje de Juan era tan distinto que tuvo que comenzar de cero. Era, literalmente, una voz en el desierto.

Pero Dios no es intimidado por esto. De hecho, Zacarías 4:10 (NTV) dice:
"No menosprecien estos modestos comienzos, pues el Señor se alegrará cuando vea que el trabajo se inicia...".

No hay nada malo con los comienzos pequeños. Dios se regocija con el comienzo de algo nuevo. Si somos fieles en lo pequeño, nos pondrá sobre muchas cosas.

"Su señor le dijo: Bien, buen siervo y fiel; sobre poco has sido fiel, sobre mucho te pondré; entra en el gozo de tu señor" (Mateo 25:23).

Juan lo sabía, y decidió, contra todo pronóstico, comenzar a declarar su mensaje donde sólo unos pocos podían escucharlo. Al hacerlo, sucedió algo sorprendente.

"Y salía a él Jerusalén, y toda Judea, y toda la provincia de alrededor del Jordán". (Mateo 3:5)

Dios comenzó a multiplicar el ministerio de Juan. Las multitudes venían a escucharlo en un lugar donde no había nada más. ¿Por qué? Porque se sentían atraídos a él. Si deseamos hacer algo que nunca ha sido hecho, debemos hacerlo en un territorio que no ha sido desarrollado. Los nuevos desarrollos ocurren al borde del caos.

La publicidad efectiva alcanza una audiencia de lugares no desarrollados. Anteriormente, la publicidad sólo estaba accesible para quienes tenían muchos medios; eso ya no es así. Tenemos la oportunidad única de llegar a las audiencias directamente, evitando los medios de comunicación tradicionales. A continuación te presento algunas ventajas que nosotros tenemos y que los canales tradicionales de publicidad no pueden ofrecer.

Mensurabilidad

¿Cómo mides el impacto de una publicidad en una revista? ¿Cómo mides el impacto de una publicidad en televisión? ¿Cómo sé si la publicidad que hice en el diario funcionó?

Lo cierto es que no puedes saberlo. Puedes hacer algunas pequeñas cosas para medir el éxito, pero tus opciones son muy limitadas en ese sentido. La mayoría de los medios tradicionales te convencen con métricas escandalosas. Su verdadero alcance es significativamente menor que el que prometen.

El hecho de que un canal de TV alcance a 8 millones de familias en los Estados Unidos no garantiza que alguien vea tu programa si sale al aire a las 2 a.m. Además, no puedes saber si la persona que está del otro lado de la pantalla está interesada en lo que ofreces.

La publicidad digital te permite obtener métricas reales que no pueden ser manipuladas. Si utilizas bien las plataformas digitales, sabrás a quién estás alcanzando. Sabrás si están siendo atraídos por tu publicidad o no; puedes medir quién compró tu producto; podrás volver a intentar convencer a quien no lo hizo; y mucho, mucho más.

La mensurabilidad no es posible utilizando los medios tradicionales de publicidad. Hoy, nuestra ventaja es que podemos medir casi todo.

Focalización

La mayoría de las plataformas que tienen la atención de las masas te ofrecen la posibilidad de publicitar. Facebook, Instagram, YouTube, Google y LinkedIn son sólo algunos ejemplos de plataformas que permiten a cualquier persona publicitar. Es un campo de juego plano. Tú tienes las mismas oportunidades que una corporación. Aunque, seguramente, tú tendrás menos dinero para gastar, pero con $100 ya puedes comenzar. Lo cierto es que la mayoría de las grandes organizaciones están estancadas en la forma tradicional de hacer las cosas, sin darse cuenta de la oportunidad que ofrecen los nuevos medios para publicitar.

En lugar de transmitir un mensaje genérico, apto para todo público, en la televisión nacional, puedo apuntar mis publicidades directamente a mi audiencia. No necesito adivinar quién verá mi publicidad. Yo sé quién lo verá porque sólo se lo envío a quien quiero alcanzar.

Si mi producto es para algún género en particular, puedo mostrar mi publicidad sólo a hombres o mujeres. Si mi producto es para un área geográfica, puedo asegurarme que sólo esa gente vea mi publicidad. Cuando lanzo un producto que es sólo para un rango etario, puedo asegurarme que sólo la gente en ese rango etario vea mi publicidad. Algunas publicidades hasta pueden ser apuntadas a gente con un determinado historial de búsqueda. Por ejemplo, si alguien busca "certificación de *coaching* cristiano" en Google, puedo decidir desplegar un mensaje en YouTube de mi programa de certificación de *coaching* la próxima vez que la persona vea un vídeo de YouTube. ¡Las oportunidades son infinitas!

Y todo esto puede hacerse con una fracción del dinero que cuesta la publicidad tradicional.

Contextualización

El poder de contextualización de tus publicidades es muy subestimado. Si tienes una publicidad en una revista o en TV, no sabes quién lo está leyendo o viendo. Debes adivinar quién está del otro lado y hacer una publicidad suficientemente amplia para comunicar a la mayor audiencia posible.

Una publicidad focalizada a través de Facebook te permite contextualizar tu mensaje, personalizándolo para apelar a tu audiencia objetivo.

Yo puedo apuntar a pastores cristianos en el área central de la ciudad de Atlanta que han expresado interés en recursos de desarrollo de liderazgo. En lugar de hacer una publicidad genérica, puedo decir: "Miles de pastores en Atlanta ya han descubierto este principio de liderazgo increíblemente efectivo que ha permitido a sus iglesias crecer exponencialmente". Incluso puedo agregar una imagen de Atlanta que llame la atención de la gente que es del área. Puedo desplegar un sinnúmero de adaptaciones de esta publicidad, apuntadas a pastores de distintas ciudades. Todo lo que debo hacer es intercambiar la gráfica y el nombre de la ciudad.

Contextualizar tus publicidades te permitirá incrementar exponencialmente el retorno de la inversión.

Marketing de "influencers"
Publicitar a través de las redes sociales es sólo una de las formas de ponerte frente a tu audiencia. Otra manera es a través de otros "influencers".

Es probable que ya haya muchos "influencers" que hoy tienen la posibilidad de alcanzar a la audiencia a la cual tú deseas alcanzar. Al colaborar con estos "influencers", estarás aprovechando su audiencia para nutrir la tuya.

Yo he aprovechado la influencia de otros más de una vez en una variedad de proyectos. Como resultado, construí bases de datos enormes para mí mismo y para mis proyectos. Esto no ocurrió porque yo estuviera conectado estratégicamente, sino porque el influencer con el cual colaboré lo estaba.

Hay distintas maneras de aprovechar el potencial de otro influencer:

1) Cobrar un crédito emocional
Si eres una persona relacional, es probable que hayas desarrollado relaciones con mucha gente a lo largo de los años. Algunos de ellos pueden tener influencia en algún nicho que estés tratando de alcanzar. Dependiendo de la naturaleza de la relación que tengas, puede que puedas cobrar un favor. Yo he aprendido que nunca está de más preguntar. Siempre pueden decirte que no (lo cual ocurrirá algunas veces). Pero a veces dirán que sí, y los resultados son excelentes.

Cuando pidas un favor, debes asegurarte de no pedir que traten de vender tu producto. Nadie quiere vender el producto de otro. ¿Por qué habrían de hacerlo? Si fueran a tratar de vender un producto, venderían el propio.

Cuando hablamos del ciclo de vida del consumidor perfecto, hablamos de acercar gente para poder profundizar la conversación en nuestros términos. Necesitamos capturar la información para poder desarrollar nuestros contactos.

Cuando pidas un favor a alguien en tu red de contactos, siempre debes ofrecer algo de valor. Si desarrollas un imán de contactos poderoso, con alto valor percibido, puedes ofrecerlo a la audiencia de otra persona. De esa manera no aparenta que estás queriendo vender algo. Todo lo que tienes que hacer es decirle al *influencer* que has desarrollado un contenido que crees que puede beneficiar a su audiencia, y que lo estás regalando.

Cuando lo presentas de esta manera, no parece que estuvieras queriendo vender. Sino que estás regalando valor. El resultado es el mismo: la gente que accede al recurso gratuito pasa a formar parte de tu campaña. Recuerda que: "¡si no lo puedes regalar, tampoco lo podrás vender!

A tus amigos "influencers" les será más fácil regalar tu recurso gratuito que vender tu producto. De hecho, esto hará que tu amigo sea bien visto porque está acercando beneficios a su público.

2) Relaciones de Afiliación

Si un *influencer* no desea hacerte un favor, puede estar interesado en una relación de afiliación. Puedes ofrecer una comisión porcentual generosa sobre todas las ventas alcanzadas a través de la publicidad que el *influencer* te permita impulsar hacia su audiencia.

Esta puede ser una forma en que el *influencer* puede incrementar sus ingresos rápidamente. Yo lo he hecho muchas veces. Es un escenario sumamente beneficioso para ambos (ganar-ganar), que te permite alcanzar una audiencia a la cual no tienes acceso por tu propia cuenta, a la vez que le permite al *influencer* obtener dinero sin tener que hacer nada más que brindarte acceso a su público.

Hay distintos programas que permiten realizar el seguimiento de los resultados del marketing de afiliados y realizar el cálculo de la comisión de manera muy sencilla. Como mencioné anteriormente, hacia el final del libro ofrezco un listado de recursos para que puedas probar algunas de estas soluciones por tu propia cuenta.

3) Pagar a los "influencers"

A veces, lo más sencillo es simplemente pagar al "influencer" por el acceso a su audiencia. Si estabas dispuesto a pagar publicidad de todos modos, deberías considerar esta opción.

En mi experiencia, muchos "influencers" están dispuestos a brindarte acceso a su audiencia a un precio relativamente bajo. Se sienten honrados de que alguien considere pagarles. Por supuesto que debes asegurarte de tener una oferta fuerte con una campaña que haya sido probada. Cuando te sientas seguro de que tu campaña de marketing produce los resultados que necesitas, puedes proyectar si pagar a un "influencer" te resulta conveniente o no.

Antes de terminar el capítulo, quiero recordarte que NUNCA trates de vender nada a través de la publicidad, a menos que estés volviendo a enviar una oferta que ya has presentado en tu campaña.

Siempre ofrece valor a través de un imán de contactos irresistible. Da, no pidas. Pide más adelante, cuando ya estén listos para comprar. Compartiré algo más acerca de esto en el próximo capítulo, donde nos enfocaremos en la campaña de marketing.

CAPÍTULO 12

MARKETING

Hay dos clases de personas en el mundo:
1) Personas que huyen del dolor
2) Personas que corren hacia el placer

Es así de simple. La mayoría de la gente forma parte del primer grupo. Es la naturaleza humana. La mayoría no sabe hacia dónde está corriendo, pero sí tiene en claro una cosa: que no desea el dolor que está experimentando. Tu mensaje tiene la capacidad de eliminar algunos de estos puntos que generan dolor. Sólo necesitamos demostrar que la información y los servicios que ofrecemos movilizan a la gente de una situación de dolor a una de placer.

Lo que explicaré a continuación es un principio que debiera ser el fundamento de cualquier campaña de Marketing que implementes. Se llama "el principio de la huída y la llegada".

Si logro demostrar a la gente cómo puede escapar del dolor y alcanzar el placer, venderles será fácil. Tu campaña debe atraer a tu audiencia de forma tal que comience a perseguirte por lo que tienes, y no al revés. La venta pasa a ser un subproducto automático de una campaña efectiva y bien elaborada.

La Biblia dice en el Salmo 9:9-10 (NTV): "El Señor es un refugio para los oprimidos,
   un lugar seguro en tiempos difíciles".

La "opresión" y los tiempos "difíciles" son cosas de las cuales la gente huye. Un "refugio" y un "lugar seguro" son los lugares a los cuales la audiencia del

Señor desea llegar. La propuesta de valor del Señor en esta escritura es que Su mensaje tiene la capacidad de llevar a la gente del dolor al placer.

Tu campaña debería enfocarse en ayudar a la gente a huir del dolor y mostrarle el camino que lleva hacia el resultado deseable en sus vidas. Si puedes demostrar que tu información tiene la capacidad de lograrlo, tendrás un público dispuesto a comprarte.

Así es, en esencia, como operaba Jesús. Él demostraba el poder de Su mensaje, probando que lo que Él ofrecía, tenía la capacidad de eliminar el dolor de la gente. Jesús demostró que su mensaje funcionaba, ya sea que el dolor fuera una enfermedad, opresión o incluso la muerte.

EL PRINCIPIO DE NICODEMO

En Juan 3:1-5 leemos acerca de un hombre llamado Nicodemo:

Había un hombre de los fariseos que se llamaba Nicodemo, un principal entre los judíos.

Este vino a Jesús de noche, y le dijo: "Rabí, sabemos que has venido de Dios como maestro; porque nadie puede hacer estas señales que tú haces, si no está Dios con él". Respondió Jesús y le dijo: "De cierto, de cierto te digo, que el que no naciere de nuevo, no puede ver el reino de Dios".

Nicodemo le dijo: "¿Cómo puede un hombre nacer siendo viejo? ¿Puede acaso entrar por segunda vez en el vientre de su madre, y nacer?"

Respondió Jesús: "De cierto, de cierto te digo, que el que no naciere de agua y del Espíritu, no puede entrar en el reino de Dios".

Esta porción de la Escritura es muy conocida. Forma parte del núcleo de nuestra teología y se utiliza para ilustrar el mensaje del evangelio cuando explicamos a la gente la necesidad de nacer de nuevo. Lo interesante es que Jesús no estaba predicando proactivamente en esta situación. No estaba en un púlpito hablando a las multitudes. De hecho, estaba profundamente dormido cuando Nicodemo se acercó a visitarlo en secreto.

Es el mayor ejemplo de lo que se logra con una verdadera atracción. Jesús no fue a pedirle a Nicodemo que fuera a su casa. Nicodemo buscó a Jesús. Cuando nadie lo veía, cuando nadie lo escuchaba, Nicodemo se escabulló de su casa para ir a buscar las respuestas que Jesús tenía para sus preguntas. Jesús no trató de "vender" el mensaje del evangelio a Nicodemo hasta que Nicodemo mismo buscó a Jesús.

En el versículo 1, Nicodemo dijo: "*Rabí, sabemos que has venido de Dios como maestro; porque nadie puede hacer estas señales que tú haces, si no está Dios con él*". ¿Qué fue lo que hizo que Nicodemo buscara a Jesús? Fue el valor que Jesús había demostrado tener. Fueron las señales que dio a su público, demostrando que su mensaje estaba respaldado por el Reino de Dios. Esta demostración fue el catalizador para Nicodemo. Él básicamente preguntó: "¿Cómo puedo obtener lo que Tú tienes?". Como respuesta, Jesús le enseñó el camino hacia el Reino.

Podemos aprender mucho de Marketing a través de esta historia. ¡Demuestra antes de pedir que te compren! ¡Entrega algo antes de vender! Cuando lo hagas, la gente pedirá más de lo que tienes, lo cual te facilitará la venta. De hecho, la venta será la consecuencia del proceso que acabas de demostrar.

EL PRINCIPIO DE HUÍDA Y LLEGADA

Cuando analizamos el ciclo de vida del cliente perfecto en siete etapas, expliqué con detenimiento lo que es un imán de contactos. Es allí donde comienza tu campaña de marketing: entregando un imán de productos potente y valioso que te permita demostrar el beneficio que puedes ofrecer a tu audiencia. Un imán de contactos está diseñado para mostrar a la gente cómo puedes ayudarle a escapar del dolor y a alcanzar resultados deseables.

Analicemos el principio de huída y llegada con una ilustración.

Supongamos que estás tratando de vender un programa de desarrollo de liderazgo que ayuda a los líderes a tener éxito y a llevar a su organización a un nuevo nivel.

El lado izquierdo del diagrama representa los muchos puntos de dolor que los líderes experimentan:

- Dificultades financieras
- Desafío de delegar
- Contratación de gente incorrecta
- Mala gestión del tiempo
- Conflicto
- Cultura organizacional tóxica
- Falta de capacidad de crecimiento
- Depresión
- Falta de visión
- Etc.

Del lado derecho tenemos los múltiples objetivos que sabemos que esta gente tiene:

- Estabilidad y abundancia financiera
- Equipo bien aceitado
- Jugadores correctos en las posiciones correctas
- Productividad optimizada
- Paz en la organización
- Cultura saludable
- Sistemas y estructuras que permitan a la organización escalar
- Gozo
- Visión
- Etc.

Si mi imán de contactos demuestra a mi público objetivo que tiene la capacidad de moverlos del lado izquierdo del gráfico hacia el lado derecho, se genera una curva ascendente como la dibujada.

¿Cómo demuestro este cambio a mi público?

1) Identifícate con sus problemas
Si muestro a mi audiencia que entiendo por lo que está pasando, creo una conexión. Si me sumo a una conversación que ellos ya están teniendo consigo mismos, dejaré establecido que puedo continuar esa conversación. Los convenzo de que sé por lo que están pasando, lo cual me permite mostrarles un camino que les permita escapar a las cosas negativas de sus vidas.

2) Ilustra la lucha externa
Debo pintar un cuadro de lo que yo mismo tuve que enfrentar, de modo tal que eso cree una conexión con ellos y la situación que ellos enfrentan. Por ejemplo, puedo decir algo así:

"Recuerdo cuando pastoreaba una iglesia pequeña con sus dificultades. Acabábamos de comprar nuestro primer edificio. Fue un gran paso de fe y nos costaba hacer que el dinero alcanzara. Poco tiempo después de esto, hubo una situación complicada en la congregación por un conflicto con uno de los ancianos. Como consecuencia, un tercio de las familias que asistían, dejaron de formar parte de la iglesia. Esto resultó en una catástrofe financiera. ¿Cómo íbamos a pagar la hipoteca?".

En este ejemplo, les estoy mostrando cómo las fuerzas externas conspiraban contra mí, lo cual trajo aparejado dolor. Con esto muestro a mi audiencia que entiendo por lo que está pasando.

3) Ilustra la lucha interna
Aquí es donde la narrativa se vuelve personal. Cambiamos de las fuerzas externas a las fuerzas dentro mío que conspiran contra mí mismo. Por ejemplo, podría decir lo siguiente:

"No había dormido durante días. La idea de tener que predicar el domingo por la mañana me paralizaba. No podía hacerlo. Hacía sólo dos meses que me había parado delante de esta congregación y había declarado, lleno de fe, cómo Dios iba a proveer los fondos para este edificio. Y ahora, unas semanas más tarde, me sentía derrotado. Estaba avergonzado. Había prometido algo que ahora sabía que no podría cumplir. Por momentos, el estrés me dificultaba respirar . . .".

Se entiende el punto. Al escuchar tu lucha interna, tu audiencia siente que no está sola en su situación o circunstancias.

4) Muéstrales tu epifanía

Este es el punto de quiebre que experimentaste en tu vida y que te permitió dar vuelta tu situación. La idea de incluir este momento es mostrar a tu audiencia que hay esperanza –una salida–. Un ejemplo sería:

"Finalmente decidí que hasta allí llegaba. La presión que me había quebrantado a tal punto que le dije a mi esposa que teníamos que cerrar la iglesia. No podía soportarlo más. Redacté una declaración que leería en la iglesia la mañana siguiente. Luego, algo increíble ocurrió. Estaba recostado en mi cama cuando tuve una epifanía que nunca antes había tenido. Esta epifanía parecía insignificante pero cambiaría para siempre mi trayectoria como líder. En retrospectiva, no puedo creer que nunca antes lo había visto. Si hubiera tenido esta revelación antes, me habría ahorrado tantos problemas. Destrocé el papel donde había anotado mi declaración. Con mi nueva perspectiva, ahora me encontraba entusiasmado de pararme frente a la congregación . . .".

¿Ves cómo llevé a la gente en un recorrido que pasó por mi depresión y llegó a mi esperanza, de modo tal que ellos puedan entender que hay una salida? El razonamiento es que si yo pude salir, ellos también pueden hacerlo.

Una vez que tu campaña los ha llevado a un lugar de esperanza, es tiempo de demostrar el poder de tu mensaje. En el gráfico verás tres momentos clave que mueven a tu audiencia de una posición de dolor a una de placer. He escogido tres, pero puede ser cualquier número que consideres adecuado para tu campaña. Yo lo he desglosado en tres tipos de demostraciones que te permiten continuar moviendo a la gente de la izquierda a la derecha, haciéndoles subir por la curva ascendente.

Cada círculo en la línea representa un "comienzo". Son, básicamente, pequeñas experiencias donde tu audiencia prueba lo que tienes para ofrecer.

Supongamos que las tres "paradas" en la línea de base son parte de un curso tripartito que ayuda a los líderes a tener éxito. El curso se puede llamar "Los tres errores que te mantienen estancado". Puedes crear un entrenamiento tripartito que lleve a la gente del dolor al placer. Aquí hay tres formas de hacerlo:

Pregunta y Respuesta
Si te identificas con una pregunta que sabes que tu audiencia se está haciendo y le provees una respuesta, los estarás moviendo de izquierda a derecha.

Problema y Solución
Si te identificas con un problema que sabes que tu audiencia tiene, y le ofreces una solución sin pedirle nada a cambio, los estarás moviendo del dolor al placer.

Depresión y Ánimo
Si te identificas con la depresión o los sentimientos negativos que tu audiencia experimenta, y los animas y les das esperanza, los moverás un poco más hacia el placer.

Estos son solo tres ejemplos de cómo puedes demostrar el poder de tu mensaje a tu público objetivo.

En el proceso crearás una línea ascendente en el gráfico.

Esto representa:

Confianza en ti como experto

Deseo de más de lo que acaban de probar

Convicción de que verdaderamente pueden triunfar.

Si ejecutamos esto de manera correcta, creamos una situación donde nuestra campaña impulsa a la audiencia hacia arriba en las tres áreas a medida que se mueven del dolor al placer. A nivel subconsciente, tu prospecto te estará suplicando que le des más, lo cual hace de la venta una mera formalidad.

Cuando, al final del proceso, presento a mi audiencia la oportunidad de obtener más de lo que ya han experimentado, obtengo un sí fácil. Ese es el objetivo de tu campaña: atraer a la audiencia de modo tal que haga que tu llamado a la acción sea fácil: "que sea el paso siguiente lógico".

COMUNICACIÓN DE RESPUESTA DINÁMICA

Para poder maximizar la atracción, necesitamos una comunicación de respuesta dinámica. Esto mueve continuamente a la gente a través de las siete fases del ciclo de vida del cliente perfecto que presenté en el capítulo seis.

Cada fase del ciclo de vida tiene su propio objetivo. A menos que el objetivo sea alcanzado, no hay razón para profundizar la conversación hacia la fase siguiente. La comunicación de respuesta dinámica interactúa con tu audiencia basada en su respuesta. Es decir, el próximo comunicado es determinado por cómo reaccionó el cliente a la última comunicación recibida.

Supongamos que has ofrecido un curso de entrenamiento gratuito acerca del manejo del tiempo. El entrenamiento promete que si el prospecto toma el curso, logrará realizar el doble de trabajo en la mitad del tiempo. Has ofrecido este curso de manera gratuita a tu audiencia, así que ahora te contactas para ofrecer un curso "premium" de gestión del tiempo que aseguras que cambiará sus vidas.

En el capítulo seis, identificamos que la fase dos del ciclo de vida del cliente es "capturar" tu tráfico para ingresarlo en tu base de datos. Una vez que has acercado a tu audiencia, puedes interactuar con ella y nutrirla. El objetivo de la fase tres es el compromiso necesario para lograr la venta. Pero el compromiso sólo ocurrirá si la gente ha consumido tu contenido.

Sólo porque hayan pedido acceso a tu curso gratuito, no quiere decir que lo hayan consumido. Te sorprendería saber cuánta gente solicita un imán de contacto pero nunca lo utiliza. De hecho, más del 50% de los recursos solicitados nunca son consumidos —a menos que utilices un sistema de comunicación de respuesta dinámica.

El sistema de comunicación de respuesta dinámica te asegura que estás logrando el objetivo de cada fase antes de seguir impulsando a tu audiencia hacia el próximo objetivo. Te permite implementar un plan contingente, en caso de que las comunicaciones previas no hayan logrado mover a tu prospecto hacia una profundización en el ciclo de venta.

Cuando alguien solicita tu imán de contactos, es crucial que efectivamente consuma el contenido. Para lograr que lo haga, tienes que implementar algunos mecanismos que detecten si la persona lo ha consumido o no. Si alguien solicita tu curso de gestión del tiempo, quieres que efectivamente acceda a él.

Si no lo han hecho, quieres tomar los pasos que corresponden. Si ya lo consumieron, quieres que tus próximas comunicaciones tomen en cuenta esto. En el siguiente gráfico puedes ver cómo es un plan contingente:

Secuencia de Campaña Típica

Como puedes ver, hay muchos recursos de comunicación que son parte de la secuencia. Cuando digo "recursos de comunicación" no me refiero sólo a los correos electrónicos. Pueden ser mensajes de texto, mensajes de voz, correos, o incluso comunicaciones por videollamada.

Cada fase tiene un objetivo. En nuestro ejemplo el objetivo era el "consumo del imán de contactos". Cuando la gente solicite mi imán de contactos, recibirá un correo que le brindará acceso al contenido. Si vemos que no acceden al contenido en un tiempo prudencial, queremos que entre en acción nuestro plan contingente.

Nuestro plan contingente, en este caso, es enviar un segundo correo. El correo se envía automáticamente si el prospecto no ha accedido al contenido. El correo le recuerda que su curso lo está esperando y refuerza la propuesta de valor de lo que el curso puede darle.

Si este recordatorio no funciona, se dispara otro plan de contingencia. Puedes tener tantos planes de contingencia como quieras. Dependiendo de cuántos puntos de contacto hayas podido recabar de la persona, puedes explorar distintas opciones para impulsar a tu contacto a, efectivamente, consumir tu contenido.

Una vez que tu prospecto toma el curso, tu plan de contingencia ya no es necesario: el objetivo de esta etapa está logrado. El sistema ahora elimina a este contacto de los planes de contingencia. Este contacto es movido automáticamente a la siguiente fase del ciclo.

Sé que todo esto puede sonar complicado, pero no lo es. Hay software disponible que gestiona toda esta interacción dinámica. Si visitas *unleashedforimpact.com/toolbox*, obtendrás acceso a mi propio conjunto de herramientas. En esa caja de herramientas, verás distintas soluciones aplicables a distintos objetivos.

Te presentaré los pros y las contras de cada uno, y ofreceré recomendaciones acerca de cómo utilizar cada herramienta.

Los programas son sencillos. Todos pueden aprender a utilizarlos. Sólo se requiere tiempo y enfoque.

CREANDO UN UNIVERSO INDIVIDUAL

La comunicación de talle único no funciona. La comunicación en línea tradicional acostumbra a enviar a todo el mundo el mismo mensaje al mismo tiempo. Esto genera desencuentros. Luego de varios desencuentros, la gente deja de escucharte.

Por ejemplo, tu modelo de comunicación tradicional implica enviar cada lunes por la mañana el boletín de noticias de tu ministerio. ¿Estoy en lo correcto? Tu boletín es enviado a todos los miembros de tu lista de contactos, sin importar la relación que tienen contigo. No importa si hace años que te conocen o si hace una semana ingresaron en tu base de datos. La comunicación que reciben es la misma. El problema es que el talle único no le sienta bien a todos.

La comunicación de talle único está basada en el supuesto de que lo que yo estoy diciendo es relevante para ti. Pero lo cierto es que hay ciertas cosas que no quisiera contarte si la primera vez que visitaste mi iglesia fue la semana pasada, pero que sí se las contaría a quienes han sido fieles asistentes durante años. Hay cosas que quisiera comunicar a las mujeres de la iglesia, pero no a los hombres. Cuando un correo en mi casilla no aplica a mí, termina impulsándome a cancelar la suscripción o ignorar los correos de ese remitente.

Lo que necesitamos es una comunicación a medida, que sea relevante para la segmentación tanto horizontal como vertical de mi audiencia. La segmentación horizontal está basada en los datos demográficos de mi público objetivo, como ser el género, la edad, la ocupación, el tamaño de la organización, situación familiar, nivel de ingreso, etc. La segmentación vertical está basada en el grado de avance en mi ciclo de ventas que tiene el consumidor (en qué fase del ciclo de vida del consumidor está) y en el tipo de comunicación necesario para impulsarlo al próximo objetivo.

Para esto también existen programas que llevan un registro del estado de cada cliente e informan el próximo paso lógico en el proceso. Esto asegura que la comunicación sea siempre certera, relevante y alineada a la situación del cliente.

Como consecuencia, acabas creando un universo individual para cada persona que ingresa en tu proceso de marketing. El recorrido que cada persona tomará será distinto. Puedes recibir 1000 contactos a partir de una misma oferta, pero tras algunos días, cada uno se encontrará inmerso en su propia realidad individual, dependiendo de cómo y cuánto han interactuado con tu contenido.

En algunos de mis cursos de entrenamiento más avanzados, enseño cómo implementar esta estrategia en tu organización. ¡Hay tanto para decir acerca de los procesos de marketing efectivos! En este libro apenas estamos viendo la superficie.

LO IMPORTANTE NO ES EL TAMAÑO DE TU LISTA

Antes de cerrar este capítulo, quiero mencionar algo. Aunque el tamaño de tu base de datos es importante, no es lo más importante. He visto bases de datos enormes que no generaban ningún beneficio a la organización. También he visto listas de unos pocos cientos que generan un gran rendimiento. ¿Por qué? ¡Porque esos pocos cientos estaban comprometidos!

La participación es la plataforma de lanzamiento de cualquier producto. Si lo logras hacer bien, incluso una audiencia pequeña puede proporcionarte cientos de miles de dólares. Esto requerirá creatividad, enfoque y esfuerzo, pero es posible. Lo he visto muchas veces.

Mi entrenamiento en línea presenta varias campañas de participación que, personalmente, llevé a cabo –campañas que convirtieron un puñado de gente participativa en fanáticos que gastaron miles de dólares–. En la contratapa del libro encontrarás más información acerca de estos recursos.

CAPÍTULO 13

VENTA

Este capítulo y el siguiente son un poco más cortos. Decidí que debíamos prestar un poco de atención a estos dos temas.

Ya hemos discutido la fase cuatro del ciclo de vida del cliente: venderle a nuestro prospecto. Este proceso implica un aspecto psicológico además de uno técnico. En este libro, ya nos hemos enfocado en varios aspectos psicológicos del ciclo de venta. En este capítulo deseo mencionar, brevemente, el proceso técnico de cómo vender, efectivamente, tu producto.

¿Cómo ejecutas una transacción en línea? ¿Cómo integras acabadamente la estrategia y el proceso que has desarrollado? En este capítulo, te daré consejos prácticos acerca de cómo hacer ventas en línea. Lograr implementar los mecanismos correctos puede ser abrumador si nunca lo has hecho. Una búsqueda en internet de "cómo vender algo online" devuelve una enorme variedad de información. ¿Cómo puedes saber qué solución es mejor para ti?

A continuación, expreso mis ideas acerca de cómo seleccionar los mecanismos de ventas para tu campaña. No todas las soluciones disponibles son buenas. De hecho, muchas de las soluciones para ventas en línea tienen grandes limitaciones que te impiden implementar las estrategias discutidas en este libro. Para serte honesto, este punto es muy amplio. Te ofrezco algunas guías que te pueden ayudar.

UTILIZA EMBUDOS DE VENTAS

Es importante entender lo que es un embudo de ventas y cómo difiere de un sitio web tradicional.

Un sitio web tradicional está organizado horizontalmente: puedes acceder a la información a través de un menú de navegación estructurado. Saltas de una página a otra. Un buen sitio web te permite informarte acerca de la compañía y los productos que esta ofrece. El problema de este enfoque es que el control del grado de participación e involucramiento queda en manos del visitante. Básicamente les estás diciendo: "Aquí está el menú; fíjate qué quieres", en lugar de guiarlos hacia donde tú quieres que lleguen.

Eso es lo que hace un embudo de ventas. No hay posibilidad de navegación de páginas. Un embudo de ventas es una página uni-dimensional con un único objetivo y un llamado a la acción. Este llamado a la acción debe ser lo suficientemente razonable (con un umbral bajo) como para tener una alta probabilidad de lograr una respuesta positiva por parte del prospecto. Cuando el visitante responde al llamado a la acción, ingresa más dentro del embudo de ventas. A continuación, se presenta una página que sólo pueden ver quienes hayan respondido al llamado a la acción precedente.

Un embudo de ventas es más como un sitio web tridimensional, que permite a los prospectos profundizar en el ciclo de ventas a través de pequeños pasos hacia adelante en el embudo. El gráfico a continuación ilustra la diferencia entre las dos estrategias.

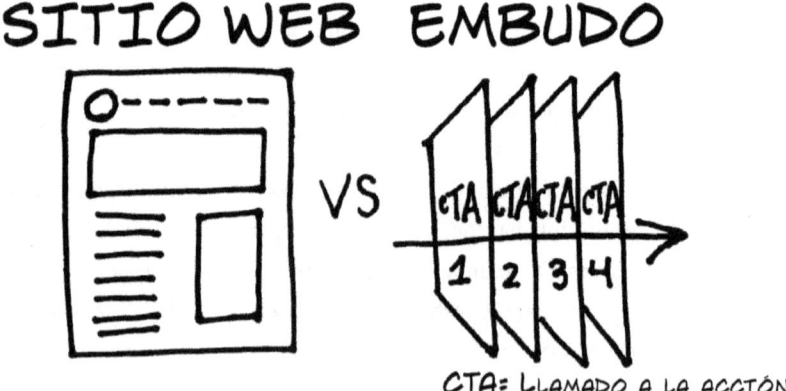

La próxima página web sólo es revelada si el prospecto ha demostrado estar listo para esa información y para el llamado a la acción siguiente. ¿Recuerdas la escalera de valor ascendente? Un embudo de ventas te permite desplegar un mecanismo para mover a la gente hacia niveles más altos de compromiso financiero, en lugar de ofrecer todas las "opciones" o "productos" en una sola página.

Ahora bien, dependiendo de lo que ofrezcas, puede ser que un carrito de compras tradicional sea una buena solución. Si eres una marca de ropa o un negocio de venta por catálogo, probablemente esa sea la mejor opción. Pero, en mi experiencia, cualquier producto relacionado con contenido, se vende mucho mejor a través de la implementación de embudos de ventas desarrollados estratégica e intencionalmente.

De nuevo, hay muchas soluciones informáticas que te ayudarán a implementarlo. En mi caja de herramientas en *unleashedforimpact.com/toolbox* encontrarás una lista de opciones y en mi entrenamiento avanzado explico cada opción con mucho más detenimiento.

EL PODER DE LOS MECANISMOS DE VENTA ADICIONAL CON UN CLICK

La escalera de valor ascendente tiene múltiples propósitos:

Te permite iniciar de manera delicada tu contacto con un prospecto, ofreciendo algo barato, antes de pedir que te compre productos de mayor valor.

Una vez que un prospecto se involucra y compra la oferta barata, te permite moverlo hacia un nivel de compromiso financiero mayor con un solo click. Esto se llama la "venta adicional con un click".

Cuando alguien compra algo barato, tú recibes los datos de su tarjeta de crédito. No necesitas pedirla nuevamente. Quieres que el proceso sea lo más fácil posible. Por supuesto que deseas el permiso de tu cliente para cobrarle, pero quieres que el proceso de venta sea sin sobresaltos y requiera el menor esfuerzo posible de parte de tu cliente. Dado que ya cuento con la tarjeta de crédito por la venta barata, puedo ofrecer un producto secundario en la página de confirmación que me permite cargar su tarjeta con un solo click, si el cliente decide "añadir este producto a mi carrito de compras".

La facilidad de la venta extra a un solo click hace que la tasa de conversión se eleve. A nadie le gusta ingresar todos los números de una tarjeta de crédito.

Pedir a alguien que lo haga dos veces crea fricción en el proceso de ventas y reduce las tasas de conversión.

La mayoría de los carritos de compras no te permiten hacer ventas extra a un click. Asegúrate de que tu carrito de compras sí ofrezca la opción. Hará que tu embudo de ventas sea mucho más efectivo.

LO MEJOR SON LAS SUSCRIPCIONES

Asegúrate de tener un producto de suscripción como parte de tu cartera de producto. Las suscripciones te permiten construir un flujo de ingresos mensual mejor que ningún otro producto porque tienes la seguridad de que cada mes (o año) tu suscripción genera cobros automáticamente. Si te dedicas a vender suscripciones, todo lo que tienes que hacer es vender, cada mes, más suscripciones nuevas de las que se cancelan. Es algo hermoso.

No todos los carritos de compras te permiten gestionar suscripciones. Antes de escoger una solución, asegúrate de que las suscripciones sean parte de lo que la solución que estás por contratar ofrece.

OFRECE PAYPAL

Si puedes hacerlo, ofrece PayPal como un medio secundario de pago. PayPal ha demostrado incrementar el ratio de conversión en un 10%. Si eres usuario de PayPal, sabes que te evita tener que sacar tu tarjeta de crédito para pagar. Simplemente haces click en la opción de PayPal y culminas la operación en segundos. Esto hará que la transacción no tenga fricciones para un buen porcentaje de tus clientes.

Ten presente que PayPal no reemplaza la opción de pago regular con tarjeta de crédito. Es algo que debes agregar como una opción adicional. Si lo utilizas como un reemplazo del método tradicional, tendrá el efecto contrario, porque la gran mayoría de tus clientes preferirá pagar con tarjeta de crédito. El ofrecerlo como alternativa simplemente incrementa tu tasa de conversión lo suficiente como para que valga la pena el esfuerzo.

INTEGRACIÓN CON TU SISTEMA DE COMUNICACIÓN

La fase cuatro en el ciclo de vida ideal de un cliente es vender. El objetivo concreto de esa fase es lograr una transacción. Basado en lo que acabamos de aprender sobre la comunicación de respuesta dinámica, es importante que tu sistema de *marketing* "sepa" cuándo se hace una venta.

Es molesto cuando recibes un correo de *marketing* invitándote a comprar lo que ya has comprado ayer. Necesitas que tu comunicación tenga en cuenta si alguien realizó una compra o no. Necesitas que tu plan de contingencia se detenga cuando se ha logrado el objetivo de la venta. Para poder hacerlo, tu carrito de compras debe comunicarse con tu motor de marketing para que la campaña se detenga en el momento correcto.

La mayoría de las soluciones de carros de compras no tienen esta prestación. Pero no puedes desarrollar tu estrategia de marketing con confianza si no tienes la seguridad de contar con esta información. Necesitas que tu comunicación tenga en cuenta el grado de compromiso de tu prospecto y la información acerca de si ha realizado, o no, una compra.

Nota: a veces un carro de compras no es compatible, en principio, con tu software de marketing. Aún así puede existir algún *plugin* proporcionado por un tercero que permita desarrollar la conexión que necesitas. Puedes revisar mi caja de herramientas en *unleashedforimpact.com/toolbox* para tener más información al respecto.

LO QUE ME FASTIDIA

Esto es algo que he visto una y otra vez, y es algo que me fastidia: ¡los procesos de *back office* que controlan tus ventas y marketing!

Mientras más grande sea la organización, más estandarizados serán los procesos que debes tener:
- Software existente
- Proceso de ventas existente
- Hábitos y rutinas existentes
- Miembros del equipo existente que llevan mucho tiempo haciendo las cosas de una determinada manera.

Si tu organización es medianamente grande, es probable que tengas mucha burocracia que te haga ir más lento en algunos aspectos. De hecho, la burocracia es la principal razón que nos impide innovar.

Recuerdo cuando comencé a trabajar con un cliente nuevo, hace poco tiempo. Él quería que le ayudara a innovar tanto en su cartera de productos como en su proceso de marketing y venta. Le dediqué un día completo de consultoría, al final del cual acabamos con una estrategia clara y enfocada. Le dije que, si seguían mi dirección, esa estrategia le ayudaría a generar $200.000 en sólo cinco semanas. Le mostré los pasos a seguir, el proceso, la estrategia y el plan de acción. Me vi gratamente sorprendido cuando hicieron exactamente lo que les dije. ¿Adivina qué? No generaron $200.000. Generaron $250.000. ¡Un resultado extraordinario!

Luego tomamos la estrategia y avanzamos a la segunda fase. Generamos otro impulso de marketing que incrementó las ventas a $400.000 en las siguientes semanas. Fue un logro increíble. Los $400.000 significaban un incremento en las ventas de aproximadamente 3000%.

Pero luego . . . ocurrió lo peor. Los procesos de *back office* no eran capaces de gestionar la nueva información de ventas de la manera en que venían trabajando. En consecuencia, el procedimiento burocrático comenzó a afectar el proceso de marketing y ventas. Dado que el carro de compras no podía comunicarse adecuadamente con la base de datos existente, el cliente decidió cambiar el carro de compras sin consultarme. Estábamos utilizando un carro de compras que yo había escogido especialmente por un motivo —me permitía hacer cosas que contribuían al éxito del proceso de ventas—. Ahora ya no las podía hacer.

Nuestro sistema de comunicación dinámico fue interrumpido por falta de integración. Esto arruinó mi forma de comunicación con los prospectos. Para resumir la historia, la "magia" que habíamos logrado fue sofocada, de la noche a la mañana, por los procesos de *back office*. El flujo de ingresos también se interrumpió y el costo del error fue muy alto.

El punto es que la innovación requiere cambio. El cambio es difícil. Sin embargo, si siempre haces lo que siempre has hecho, siempre obtendrás lo que hasta ahora has obtenido.

Ten el coraje de cambiar tus procesos de back office para alinearlos con lo que funciona. Te aseguro que, si deseas alcanzar el éxito, debes estar dispuesto a cambiar la forma en que diriges tu organización.

Recuerda lo siguiente:

"El hombre razonable se adapta al mundo: el irracional persiste en tratar de adaptar el mundo a sí mismo. Por lo tanto, todo progreso depende del hombre irracional."

—George Bernard Shaw

No permitas que el pasado te controle. ¡Sé irracional!

CAPÍTULO 14

ENTREGA TU PRODUCTO

Una cosa es vender; otra es entregar efectivamente tu producto. En la entrega del producto debes asegurarte de hacer dos cosas:
1) Sorprender a tus clientes como explicamos en el capítulo 6.
2) Asegurar al consumidor una experiencia sin sobresaltos.

Asombrar al cliente es importante por las razones que ya hemos discutido. La Biblia dice en Lucas 6:29: "Al que te hiera en una mejilla, preséntale también la otra; y al que te quite la capa, ni aun la túnica le niegues". Este ejemplo hace referencia a alguien que tomó algo que no pagó. Lucas enseña que, cuando esto ocurra, debes añadir algo más a lo que ya tomaron. ¡Cuánto más deberías hacerlo con aquellos que sí pagaron por recibir algo! Siempre debemos entregar más. Endulzar el trato. Dar más de lo que hemos prometido. Esto nos da una ventaja.

Entregar los productos sin inconvenientes es igualmente importante. ¡Qué frustrante es comprar algo y que el proceso de entrega sea *poco* amigable con el cliente! Una cosa es vender un libro y enviarlo; otra es entregar un curso en línea o un programa educativo.

Hay ciertas cosas que debes pensar acabadamente cuando decides vender y entregar contenido. Así como con el carro de compras, debes tener en cuenta qué opciones de entrega necesitas antes de adoptar una plataforma. Una vez que has elegido la plataforma es más difícil cambiar.

¿Cuál es la mejor forma de enviar un paquete? ¿Cómo se entrega un curso en línea? ¿Una clase magistral? ¿Un programa de entrenamiento de doce meses? Tal vez estás tratando de vender las grabaciones de una conferencia que ofreciste. Para cada producto debes hacerte la misma pregunta: "¿Cómo entrego este producto a mi cliente de una manera amigable para el usuario y sin permitir que otros me lo roben?".

Sin detenernos demasiado en este punto, permíteme hacerte algunas sugerencias. Un riesgo que se corre cuando se ha logrado una venta, es olvidarse de la experiencia que el consumidor tiene luego de la venta. Sin embargo, es mucho más fácil lograr que un cliente compre nuevamente que conseguir un nuevo cliente. Pero sólo se logra que un cliente vuelva a comprar si prestamos atención al proceso de entrega. A continuación presento algunas claves para ayudarte a pensar en los mecanismos que necesitas.

ENVIAR PAQUETES

Cuando alguien te compra un producto físico, como un libro, necesitas enviar el artículo a tu cliente. Hay varias cosas que debes hacer para que la experiencia del usuario sea genial.

Mantén al cliente informado y dale una fecha estimada. Asegúrate de que tu confirmación sea clara en cuanto a cuándo debería llegar el producto.

Si fuera posible, proporciónale información de seguimiento del envío.

Bríndale tu información de contacto. La gente desea tener un medio efectivo para contactarte y obtener respuesta en un plazo corto. Si no logras ofrecer eso, acabarás frustrando a tus clientes, teniendo que realizar devoluciones y perdiendo clientes.

Presta atención a tu empaque. Hay maneras eficientes en términos de costo para lograr que tu producto se destaque de los de la competencia. Las cajas especiales, los sobres y los materiales de embalaje atraen la atención de la gente.

Haz algo extra. Pon algo en el paquete que no te hayan comprado. La mayoría de las empresas tienen existencias de producto, o artículos que no les afectaría mucho regalar. Añade algo adicional con una nota corta que explica lo valioso del producto.

Estas son simplemente algunas ideas para cuando puedes enviar un paquete físico de forma tal que sorprenda a tu cliente.

CONTENIDO DIGITAL

Cuando lo que entregas es un producto digital, el proceso debe ser amigable con el usuario. Yo he tenido experiencias de compra con empresas que han sido poco amigables conmigo como usuario. Muchas veces hacemos que las cosas sean complicadas y poco intuitivas.

Algunas cosas que debes tener en cuenta cuando entregas contenido digital son:

1) Automatización de la entrega

Después de la venta, lo deseable es automatizar lo máximo posible el proceso. No deberías tener que crear manualmente las cuentas en una nueva plataforma. Al principio puede no parecerte demasiado importante, pero te aseguro que un detalle como éste impedirá que escales con el tiempo. Cualquier demora que crees en tu proceso entre la venta y la entrega generará fricción y frustración en el cliente. Asegúrate de que tus procesos de venta y entrega estén integrados para que la experiencia del consumidor sea simple, amigable y sin inconvenientes.

2) Elección de la plataforma

Dependiendo del producto, necesitarás algunas prestaciones en tu plataforma de entrega del producto. Hay algunas cosas que debes considerar cuando diseñas el producto y escoges la plataforma de entrega. En mi caja de herramientas en *unleashedforimpact.com/toolbox*, presento distintas plataformas que pueden servirte para distintos productos.

La mejor opción es elegir una plataforma que permite utilizar múltiples formatos de producto. Esto te evitará tener que adoptar múltiples plataformas y acumular los pagos exigidos por cada una de ellas.

3) Contenido a goteo

El contenido a goteo es ideal si tienes un producto digital progresivo que se desarrolla a lo largo de un período de tiempo. Por ejemplo, si vendes un curso de 12 semanas, probablemente quieras entregar el contenido semanalmente en las cuentas de los usuarios.

En términos prácticos, esto significa que, cada semana, desbloqueas contenido nuevo hasta que el cliente complete las doce semanas. No importa cuándo haya comprado el curso el cliente: alguien que compra hoy encontrará el contenido de la semana 1 en su cuenta, mientras que alguien que compró hace tres semanas podrá acceder al contenido de las primeras tres semanas. Hay una agenda específica para cada cliente.

4) Contenido progresivo

El contenido progresivo es similar al contenido a goteo, sin embargo difiere en un aspecto: el contenido no es entregado a goteo basado en el tiempo desde la compra, sino que es "desbloqueado". Los clientes progresan en el curso y, luego de haber completado una lección, se desbloquea la lección siguiente. En este escenario, es el "estudiante" quien determina qué tan rápido completa el curso.

En algunos casos, por supuesto, no tiene sentido entregar el contenido de manera progresiva sino que conviene realizar un goteo con cierta periodicidad. Supongamos que creas un curso de 12 semanas pero aún no tienes todo el contenido desarrollado. Sólo tienes el contenido de las semanas 1 y 2. Al ofrecer tu contenido por goteo, estás ganando tiempo para producir el material antes de que el temporizador desbloquee el acceso a los módulos siguientes.

De nuevo, es una elección que debes hacer respecto de lo que mejor aplica a tu producto, tu audiencia y tu situación.

5) Contenido archivado

También puede ser que tu producto se adapte más a un formato de contenido archivado. El contenido archivado es muy similar al modelo de Netflix, donde tú creas un ámbito con una amplia variedad de contenido disponible bajo demanda. Un cliente simplemente debe ingresar a la plataforma y escoger a qué contenido desea acceder.

Trabajo para muchas iglesias que crean portales de este tipo para archivar sus sermones. El portal se convierte en una biblioteca de contenido organizado por categorías, que crece constantemente y permite a los usuarios acceder a cualquier contenido en cualquier momento.

6) Evaluaciones y cuestionarios

¿Incluye tu producto evaluaciones y cuestionarios? A veces necesitas "evaluar" a tus estudiantes para validar su progreso en el programa. En ese caso, la plataforma que escojas debe ofrecerte esta posibilidad.

Piénsalo con cuidado antes de escoger la plataforma para evitar tener que cambiar después por detalles como estos.

7) Contenido en vivo
¿Cómo se entrega el contenido en vivo? Tal vez tengas un programa de *"coaching"* que requiera que te comuniques en vivo con tu audiencia. Hay muchas soluciones de software que permiten ofrecer contenido en vivo; sin embargo, no todas serán compatibles con las otras plataformas que uses. Haz tus deberes antes de escoger para ahorrarte frustraciones. En mi caja de herramientas en *unleashedforimpact.com/toolbox* encontrarás un pantallazo completo de las plataformas que he utilizado en el pasado con algunas notas personales, y puntos a favor y en contra de cada una.

8) Seguridad del portal
Asegúrate de que tu contenido sea entregado de manera segura. No envíes simplemente un enlace público a todo el mundo. Esto no sólo es poco profesional, sino que no es muy inteligente. Si la gente cree que el contenido por el cual acaban de pagar es accesible para todo el mundo, su percepción de valor del producto –y de tí– disminuirá.

Sé que es tentador tomar atajos en el proceso, pero te prometo que, a largo plazo, no te convendrá. Invierte algo más de tiempo y dinero para hacer las cosas bien.

Estas son sólo algunas de las cosas que debes tener en cuenta cuando piensas en tu estrategia de entrega. Seguramente hay muchos otros aspectos que podrías pensar pero mi idea es simplemente orientarte en el contexto antes de planificar. Espero que estos puntos te sirvan de base para ayudarte en la estrategia.

CAPÍTULO 15

¿QUÉ HAGO A CONTINUACIÓN?

En los últimos catorce capítulos he presentado un pantallazo de lo que he aprendido en el transcurso de los años. Este libro no es, bajo ningún punto de vista, un catálogo completo de lecciones, pero espero que te haya servido de inspiración divina para que puedas traer el mensaje que Dios te ha dado, al mercado. También espero que este libro te haya aportado una perspectiva pragmática acerca de cómo administrar adecuadamente tu mensaje, alcanzar a más gente y lograr un mayor impacto.

Puede que te estés sintiendo abrumado por la cantidad de principios e información que hemos discutido. Es cierto que son muchas piezas móviles. Pero también es cierto que todos pueden lograrlo. No es necesario tener una habilidad especial. Verás que, al final, es más fácil de lo que parece. Todo lo que está en este libro es simple, pero no por eso fácil. Requerirá dedicación, perseverancia y trabajo arduo. Después de todo, lograr que algo se vuelva realidad requiere esfuerzo.

La buena noticia es que no tienes por qué hacerlo solo. En algunos de mis entrenamientos más avanzados, contestaré preguntas que tal vez te estés haciendo en este momento. También te recomendaré las herramientas más adecuadas para tu situación.

Cuando comencé mi trayecto, no sabía absolutamente nada. Nadie me dijo cómo hacerlo. Aprendí a base de prueba y error. Tú no tienes por qué luchar tanto como lo tuve que hacer yo. Puedes ahorrarte mucho tiempo, energía, frustración y dinero si me permites guiarte en este proceso.

Al ir dando cierre al libro, deseo reforzar una reflexión final:

Tú eres único. Tu mensaje también lo es. Lo que tú tienes para aportar y brindar. Por lo tanto, eres un innovador. No hay punto de referencia para lo que tú tienes. Dios te dio un don que fue escogido por Él específicamente para ti.

Dado que es algo nuevo, será algo que cambiará el *statu quo* y dará forma al futuro. El pasado no proporciona un escenario propicio para recibir lo que tu deseas traer para el futuro.

No temas luchar contra eso. No temas a la disrupción y la oposición. No te sorprendas cuando generes un alboroto en tu organización. Sé audaz. Sé fuerte. Sé todo lo que Dios te creó para que fueras. Juntos, podemos cambiar la historia, impactar a la gente y hacer del mundo un mejor lugar.

¡Tú has sido depositario de un mensaje! Asegurémonos de que llegue a donde tiene que llegar. Juntos, podemos hacerlo. Aplica los principios que aprendiste para dar rienda suelta a tu mensaje, alcanzar a más gente y traer bendición para otros y para ti mismo.

¡Desátate!

www.ingramcontent.com/pod-product-compliance
Lightning Source LLC
Chambersburg PA
CBHW070548090426
42735CB00013B/3104